中国文化丛书

经典随行

嵇文甫 著

晚明思想史论

中华书局

图书在版编目(CIP)数据

晚明思想史论/嵇文甫著. —北京:中华书局,2017.10
(中国文化丛书·经典随行)
ISBN 978-7-101-12648-8

Ⅰ.晚… Ⅱ.嵇… Ⅲ.哲学思想-思想史-研究-中国-明代
Ⅳ.B248

中国版本图书馆 CIP 数据核字(2017)第 151806 号

书 名	晚明思想史论
著 者	嵇文甫
丛 书 名	中国文化丛书·经典随行
责任编辑	余 瑾
出版发行	中华书局
	(北京市丰台区太平桥西里 38 号 100073)
	http://www.zhbc.com.cn
	E-mail:zhbc@zhbc.com.cn
印 刷	北京市白帆印务有限公司
版 次	2017 年 10 月北京第 1 版
	2017 年 10 月北京第 1 次印刷
规 格	开本/880×1230 毫米 1/32
	印张 5⅝ 字数 180 千字
印 数	1-4000 册
国际书号	ISBN 978-7-101-12648-8
定 价	30.00 元

经典随行 书礼传家

——"中国文化丛书"出版说明

"中国文化丛书"包括两套书系："经典随行"和"书礼传家"。

我们所谓的"经典"，是指经久不衰的典范之作，它们历经岁月的淘洗仍然具有旺盛的生命力。中国文化，源远流长，广播四海，经典累代不乏。晚近以来，中国处于"三千年未有之大变局"时代，西方学术和思想大量涌入，中国传统文化遭受巨大冲击，国人或主动或被动地卷入这样一股变迁的时代洪流中，摸索前行。社会巨变之际往往精英辈出，中西文化的激荡，产生了一大批大师级的学者，留下了丰厚的文化遗产。

"经典随行"书系选取近一百年来有关中国文化的经典著作，内容涉及文学、史学、哲学、思想、宗教、文化、艺术诸领域，如鲁迅《中国小说史略》、蒋维乔《中国佛教史》、许地山《道教史》、蔡元培《中国伦理学史》、陈师曾《中国绘画史》、柳诒徵《中国文化史》等，都是具有典范性的经典力作。

在推出这些学术文化经典的同时，我们希望以一种更加新颖的方式使读者接受传统文化的熏陶，于是我们策划了"书礼传家"书系。中国自古崇文重教，"十户之村，不废诵读"，"书礼传家"是许多中国人悬挂于门楣的精神坐标。"书礼传家"书系引进立体阅读的概念，以"实物仿真件＋文本解读"的方式，来丰富读者的阅读体验。精心选择中国传统文化中与普通民众生活密切相关的文书，从一件件具体的实物说开去，以小见大，生动有趣，从微观角度反映传统社会千姿百态的生活方式，将"科举"、"婚约与休书"、"花笺与信物"、"奏折"、"当票"、"地契"、"状子"等反映中国古代科举制度、婚姻制度、爱情观念、古代官制、典当制度、土地制度、司法制度等一系列传统社会制度的内容纳入进来。翻开这套书，就如同走进了一座"流动的文化博物馆"。

"中国文化丛书"致力于介绍阐述中国传统文化的"著述"，而不是中国文化"元典"本身；面对的读者对象是普通大众，以推介中国文化常识为基本立足点，过于艰深的学术探讨不在选择之列；在表述上力求深入浅出、简明准确。

"大家的文笔，大众的视角"，是我们对"中国文化丛书"的基本定位，愿这套丛书能够为人们搭建一座接近经典、了解历史与文化的桥梁。

中华书局编辑部
二〇一三年十二月

目 录

序

晚明这短短数十年，一方面是从宋明道学转向清代朴学的枢纽，另一方面又是中西两方文化接触的开端。其内容则先之以王门诸子的道学革新运动，继之以东林派的反狂禅运动，而佛学、西学、古学，错综交织于其间。这一幕思想史剧，也可算得热闹生动了。

然而就我所知，似乎还没人把这一段思想史写出来。不揣浅陋，想承其乏，而又苦于参考书之不足。无已则只就手边所有材料，略事钩稽整理，描画出一个雏形来。补充润色，且待异日。

最后特别致谢冯芝生、陶希圣两位老兄，因为假使没有他们的鼓励敦促，这本小书是写不成的。

嵇文甫

1943.6.28

第一章　从王阳明说起

　　本书所要讲的晚明时代，是一个动荡时代，是一个斑驳陆离的过渡时代。照耀着这时代的，不是一轮赫然当空的太阳，而是许多道光彩纷披的明霞。你尽可以说它"杂"，却决不能说它"庸"；尽可以说它"嚣张"，却决不能说它"死板"；尽可以说它是"乱世之音"，却决不能说它是"衰世之音"。它把一个旧时代送终，却又使一个新时代开始。它在超现实主义的云雾中，透露出现实主义的曙光。这样一个思想史上的转型期，大体上断自隆万以后，约略相当于西历16世纪的下半期以及17世纪的上半期。然而要追溯起源头来，我们还得从明朝中叶王阳明的道学革新运动讲起。

　　王阳明是宋明五百年道学史上一位最有光辉的人物。由他所领导起来的学术运动，是一种道学革新运动，也就是一种反朱学运动。当朱子在世的时候，正是道学的全盛时代，他以伊川为宗,上探明道、横渠、濂溪、康节诸家以穷其源,出入程门诸子如游、杨、谢、吕、尹、胡之属以尽其流。其于同时各派,则左排陆学,右排浙学,毅然以道学正统自任。广收门徒,遍注群经。道学到他手里,可算是纲举目张,灿然大备。先儒说朱子集道学之大成,诚可以当之而无愧了。然而朱子讲学有时候嫌太繁琐。"字字而比,节节而较。"把许多道理支分节解,往往弄得不成话说。就如他讲"四端",既把"仁义礼智"四字并提以配"春夏秋冬",复并提"仁义"二字以配"阴阳",并提"仁智"二字以明"终始",更单提"仁"字以贯"四端",又有什么"四端相连而至"、"四端迭为宾主"种种说法。这样一分,那样一合,看他配置得多么巧罢! 然而这不是讲心性,这只是变戏法,只是文字的游戏。又如他讲《太极图说》道:"盖中也,仁也,感也,所谓☾也,〇之用所以行也,正也,义也,寂也,所谓☽也,〇之体所以立也。"从仁义寂感上分阴阳,分体用,甚至从"中正"二字上也能分出阴阳体用来。这些地方,多亏他苦心体会。这简直是做起八股来了。陆象山在当时就挖苦他道:

> 揣量模写之工,依仿假借之似,其条画足以自信,其习熟足以自安。(《与曾宅之书》)

又《象山语录》载:

> 有立议论者,先生云:"此是虚说。"或云:"此是时文之见。"学者遂云:"孟子辟杨墨,韩子辟佛老,陆先生辟时文。"先生云:"此说也好。然辟杨墨佛老者犹有些气道,

吾却只辟得时文。"因一笑。

朱子依照着圣人样子，描摹刻画，制造出多少道理格式。四平八稳，面面俱到。但从象山看来，那只是一种"议论"，一种"时文"。这种时文化的道学，后来竟成为道学的正统。从南宋末年到明朝中叶，完全成一个朱学独占的局面。所谓一代大儒，如许鲁斋、薛敬轩辈，都不过陈陈相因，谨守朱子门户。道学至此，几乎纯成一种烂熟的格套了。于是乎首先出来个陈白沙，既而又出来个王阳明，都举起道学革命的旗帜；一扫二百余年蹈常袭故的积习，而另换一种清新自然的空气。打倒时文化八股化的道学，而另倡一种鞭辟近里的新道学。阳明赠白沙大弟子湛甘泉有一段话：

> ……自是而后，言益详，道益晦；析理益精，学益支离无本；而事于外者益繁以难。盖孟氏患杨、墨，周、程之际，释、老大行。今世学者皆知宗孔、孟，贱杨、墨，摈释、老，圣人之道若大明于世。然吾从而求之，圣人不得而见之矣，其能有若墨氏之兼爱者乎？其能有若杨氏之为我者乎？其能有若老氏之清静自守，释氏之究心性命者乎？吾何以杨、墨、老、释之思哉？彼于圣人之道异，然犹有自得也。而世之学者，章绘句琢以夸俗，诡心色取，相饰以伪，谓圣人之道劳苦无功，非复人之所可为，而徒取辩于言词之间。古之人有终身不能究者，今吾皆能言其略，自以为若是亦足矣，而圣人之学遂废。则今之所大患者，岂非记诵词章之习；而弊之所从来，无亦言之太详，析之太精者之过

欤？（《别湛甘泉序》）

　　这段话很能揭出陈、王两家道学革新运动的共同宗旨。他们所反对的是"记诵词章之习"，换句话说，就是八股化的道学。这种八股化的道学，看着最平正，最周到，最近圣人；然而实际上直类乎"非之无举刺之无刺"的乡愿，依门傍户，俯仰随人，比着杨、墨、佛、老之各有其得者，尚相去绝远。"言益详，道益晦；析理益精，学益支离无本"，这是暗斥朱子，而认为八股化道学所自出。平心论之，朱子自是中国近古思想史上头等的伟大人物，但他那种烦琐支离的学风，实开后来道学八股化之渐，这也是无可讳言的。二百多年的因袭墨守，朱学的流弊已十分显著。以这因缘，白沙、阳明辈的道学革新运动应时而起了。

　　这次革新运动，发端于白沙，而大成于阳明。我们分析阳明的学说，处处是打破道学的陈旧格套，处处表现出一种活动自由的精神，对于当时思想界实尽了很大的解放作用。首先看他讲"致良知"。提起这三个字，常使人觉得一片空灵，不可捉摸。不错，阳明有时候把良知讲得的确太玄妙，如什么"天植灵根"、"造化的精灵"，真算是玄之又玄。不过这里要分别看。假使这种学说就单是一个玄妙，再无其他东西，它还怎能会震动一世人心，在思想史上占那样重要地位？我们须要知道，这种学说虽然是很玄妙，但玄妙之中，却潜藏着一种时代精神，自有其不玄妙者在。阳明当临死的前一月，写信给聂双江，其中有一段说：

　　　盖良知只是一个天理，自然明觉发见处，只是一个真诚恻怛，便是他本体。故致此良知之真诚恻怛以事亲，便是孝；致此良知之真诚恻怛以从兄，便是弟；致此良知之真诚恻怛以事君，便是忠。只是一个良知，一个真诚恻怛。(《全书》卷二）

这样讲致良知，何等的亲切简易。这还能算玄妙么？他不管什么圣贤榜样、道理格式，而只教人照着自己当下那一点真诚恻怛实做将去。现现成成，甲不问乙借，乙不向甲赐。他以为虽古圣人也不过如此。《传习录》载：

> 问：良知一而已，文王作《彖》，周公系《爻》，孔子赞《易》，何以各自看理不同？先生曰：圣人何能拘得死格！大要出于良知同，便各为说，何害？且如一园竹，只要同此枝节，便是大同。若拘定枝枝节节，都要高下大小一样，便非造化妙手矣。汝辈只要去培养那良知。良知同，更不妨有异处。汝辈若不肯用功，连笋也不曾抽得，何处去论枝节！(《全书》卷三）

各凭自己良知，同便听其同，异便听其异。道理没有死格，须从本源上流出，须是内发的。"君子一仁而已矣，何必同？"这已经是很自由很活动了。他更说道：

> 我辈致知，只是各随分限所及。今日良知见在如此，只随今日所知扩充到底；明日良知又有开悟，便从明日所知扩充到底。如此方是精一功夫。与人论学，亦须随人

分限所及。如树有这些萌芽，只把这些水去灌溉；萌芽再长，便又加水。自拱把以至合抱，灌溉之功，皆是随其分限所及。若些小萌芽，有一桶水在，尽要倾上，便浸坏他了。（《全书》卷三）

各人良知有一定的分限，并且今天有今天的良知，明天有明天的良知。只要从良知上出发，非特我和你不必相同，就是今日的我和昨日的我也不必相同，这里全没有定格。我们只须就当下分限所及，切实做去，使良知得遂其有机的发展，自然日有进境。无论自修或教人，都只宜这样办法。试再看《传习录》上这两段：

> 门人有言邵端峰论童子不能格物，只教以洒扫应对之说。先生曰：洒扫应对就是一件物。童子良知只到此，便教去洒扫应对，就是致他这一点良知了。又如童子知畏先生长者，此亦是他良知处。故虽嬉戏中，见了先生长者，便去作揖恭敬，是他能格物以致敬师长之良知了。童子自有童子的格物致知。（《全书》卷三）
> 问："孔子谓武王未尽善，恐亦有不满意？"先生曰："在武王自合如此。"（《全书》卷一）

大人有大人的良知，童子有童子的良知；文王有文王的良知，武王有武王的良知。"武王自合如此做"，也就不必管什么尽善不尽善。童子自去致他那一点洒扫应对的良知，也无须去强学大人。各适其适，各得其得。彼非有余，此非不足。这样自由自在,把道理完全看活了。他还有这一段话：

> 诸君功夫最不可助长。上智绝少,学者无超入圣人之理。一起一伏,一进一退,自是功夫节次。不可以我前日用得功夫了,今却不济,便要矫强,做出一个没破绽的模样。这便是助长,连前些子功夫都坏了。此非小过。譬如行路的人,遭一蹉跌,起来便走,不要欺人,做那不曾跌倒的样子出来。诸君只要常常怀个"遁世无闷,不见是而无闷"之心,依此良知,忍耐做去。不管人非笑,不管人毁谤,不管人荣辱,任他功夫有进有退,我只是这致良知的主宰不息,久久自然有得力处。(《全书》卷三)

跌了就起,起来便走,不管他进也罢,退也罢,誉也罢,毁也罢,我只是老老实实,埋头自致其良知。除下良知,什么都看不见了。独往独来,又奋迅,又坚决,把所有世习客套一扫而空。在这样意味下讲致良知,不是也很切实很平易么？自然,这里面也有他玄妙神秘的地方。良知究竟是个什么玩意儿？它会变化,会发展,今天是这样,明天是那样,你的是那样,我的是这样。倘若不是另有某种客观条件来决定它,那只好说它是"天植灵根"、"造化的精灵"了。然而不管它"灵根"也好,"精灵"也好,事实上他打破了道学的陈旧格套,充满着自由解放的精神,不靠圣人而靠自己的良知,在这一点上,他要比朱学更带些近代的色彩。

　　我们再看他讲"知行合一"。"知行合一"的理论,正是针对朱学而发。朱子把知行看作两件事,并且主张先知后行。阳

明却不然。照他的意思,说个知已经有行在,说个行已经有知在。知行是一个整体的两面,是不可分离的。他最精要的解释是:

> 知之真切笃实处即是行,行之明觉精察处即是知。
> (《答顾东桥书》)

阳明讲知行是从本体上讲的,也就是从良知上讲的。从良知上发出的"知",自然是"真切笃实",带情味的"知",而不是揣摸影响的"知";从良知上发出的"行",自然是"明觉精察",自觉的"行",而不是懵懂乱撞的"行"。只用一个"致良知",也就即"知"即"行"了。但这种说法似乎不易了解,又未免带点点谈玄意味。究其真精神之所在,只是不离"行"以求"知"而已。试看他说:

> 夫人必有欲食之心然后知食,欲食之心即是意,即是行之始矣。食味之美恶,必待入口而后知。岂有不待入口而已先知食味之美恶者耶? 必有欲行之心然后知路,欲行之心即是意,即是行之始矣。路歧之险夷,必待身亲履历而后知。岂有不待身亲履历而已先知路歧之险夷者耶?
> (《答顾东桥书》)

这段话分析极精,以一念动处为行之始,"行"一步,"知"一步,"知"常与"行"相伴而不能分离。阳明虽讲"知行合一",但因其针对着从"知"入手的朱学而发,所以事实上特重在"行"

字。始于"行"，终于"行"，而"知"只是"行"的一种过程。他在《答顾东桥书》中还有一段很痛快的话：

> 夫问思辩行，皆所以为学，未有学而不行者也。如言学孝，则必服劳奉养，躬行孝道，然后谓之学。岂徒悬空口耳讲说而遂可以谓之学孝乎？学射则必张弓挟矢，引满中的；学书则必伸纸执笔，操觚染翰。尽天下之学，未有不行而可以言学者。则学之始固已即是行矣。笃者，敦实笃厚之意。已行矣，而敦笃其行，不息其功之谓耳。盖学之不能以无疑，则有问，问即学也，即行也。又不能无疑，则有思，思即学也，即行也。又不能无疑，则有辩，辩即学也，即行也。辩既明矣，思既慎矣，问既审矣，学既能矣，又从而不息其功焉，斯之谓笃行。非谓学问思辩之后而始措之于行也。是故以求能其事而言谓之学，以求解其惑而言谓之问，以求通其理而言谓之思，以求精其察而言谓之辩，以求履其实而言谓之行。盖析其功而言则有五，合其事而言则一而已。

朱子以学问思辩属"知"，以笃行属"行"。阳明却始终贯以一"行"，学之始已即是"行"，到最后仍是"笃行之"。问、思、辩，都只是"行"到滞碍地方，一种解决疑难的手段，并不是离"行"而独立的。离"行"而茫茫荡荡去求"知"，阳明最反对。他决不泛然问，泛然思，泛然辩，而一以当下现行为指归。普通以为阳明单提个"致良知"，好像把什么读书、稽古、求师、访友一切都抛弃了，总疑其太简。其实何尝如此。阳明只是不泛泛去求"知"，至于当下切身所应当"知"的，他还要尽量的"知"，彻底的"知"，一件也不遗弃。他说：

> 天下事物，如名物度数、草木鸟兽之类，不胜其烦。圣人须是本体明了，亦何缘能尽知得？但不必知的，圣人自不消去求知；其所当知的，圣人自能问人，如"子入太庙每事问"之类。先儒谓"虽知亦问，敬谨之至"，此说不可通。圣人于礼乐名物，不必尽知。然他知得一个天理，便自有许多节文度数出来。不知能问，亦即是天理节文所在。(《全书》卷三)
>
> 学校之中，惟以成德为事。而才能之异，或有长于礼乐，长于政教，长于水土播植者，则就其成德而因使益精其能于学校之中。迨夫举德而任，则使之终身居其职而不易。……皋、夔、稷、契所不能兼之事，而今之初学小生皆欲通其说，究其术。……(《答顾东桥书》)

孟子说："尧舜之知，而不遍物，急先务也。"这个意思，象山已经发挥得极其警切，到阳明讲得更透澈了。颜习斋所谓"孔门诸贤，礼、乐、兵、农各精其一；唐虞五臣，水、火、农、教各司其一；后世菲资，乃思兼长"，不意陆、王乃都先说到。阳明的教育主张，虽说以"成德"为中心，而并不妨害"达材"。他很能打破世儒无所不知而实一无所知的虚诞习气，而教人各就自己才性所近以成专长。又正大，又切实，又活动，在中国教育思想上实为一重要贡献。后来章实斋论浙东学术，对此别有发挥。他专在切要地方下功夫，一点精力不浪费。你只须遵着良知所指示，直"行"下去。"行"不通时，它自然会使你"学"，使你"问"，使你"思"，使你"辩"。"知"消纳在"行"中，而学问思辩莫非所以致良知。这样进修方法和朱学实有毫发千里之辨。所以阳明答当时朱学代表人物罗整庵的信中说：

> 凡执事所以致疑于格物之说者，必谓其是内而非外也，必谓其专事于反观内省之为而遗弃其讲习讨论之功也，必谓其一意于纲领本原之约而脱略于支节条目之详也，必谓其沉溺于枯槁虚寂之偏而不尽于物理人事之变也。审如是，岂但获罪于圣门，获罪于朱子，是邪说诬民，叛道乱正，人得而诛之也，而况于执事之正直哉？审如是，世之稍明训诂，闻先哲之绪论者，皆知其非也，而况于执事之高明哉？况某之所谓格物，其于朱子"九条"之说，皆包罗统括于其中。但为之有要，作用不同，正所谓毫厘之差耳。然毫厘之差，而千里之谬，实起于此，不可不辩。

王学决不像普通所想象的那样简单，它和朱学的差别也很微渺，不是随便一瞥就可以辨认出来的。凡什么读书、稽古、讲习、讨论，朱子所从事者，阳明也未尝不从事。但在朱子，知是知，行是行，讲习讨论是讲习讨论，反观内省是反观内省，划然各为一事；在阳明，则提出个良知作头脑，讲习讨论也是致良知，反观内省也是致良知，无论"知"啦，"行"啦，都是从良知出发。只要一个"致良知"，就把什么功夫都"包罗统括于其中"。前者是多元的，而后者是一元的。前者是头疼治头，脚疼治脚；而后者是真抉根源，"溥博渊泉，而时出之"。只有把一切功夫都消纳到一个致良知上而后功夫才实实落落,近里着己,问方是"切问",思方是"近思",行方是"笃行"。除下一切功夫别无可以致良知,而致良知却把一切功夫都点活了。这正是所谓"为之有要,作用不同",其妙处只在一转手之间。就由这一转手,而"博文"成为"约礼"的功夫,"惟精"成为"惟一"的功夫,"道问学"成为"尊德性"的功夫,"知"和"行"亦合为一体了。我常奇怪,阳明学说和后来的颜李学说,一个极玄妙,而一个极平实,本是绝不相容,但他们却有许多共鸣之点。他们都主张学不离行,都反对以读书为学。习斋骂当时学者,不是"博学",而是"博读,博讲,博著",这和阳明力辟口耳之学精神颇相契合。其学琴之喻,和阳明学射之喻尤绝相类。原来王、颜两家之学所以极端相反者,因为一个专讲"心",一个专讲"事物"。但实际上,阳明所谓"心"者,又和"事物"混一不分。他说:

> 目无体,以万物之色为体;耳无体,以万物之声为体;鼻无体,以万物之臭为体;口无体,以万物之味为体;心无体,以天地万物感应之是非为体。(《全书》卷三)

离开"天地万物感应之是非",别无所谓"心"。所谓"致良知",亦不外乎在种种事物感应上下功夫。象山早有"在人情事变上用功"之说,阳明亦有"在事上磨炼"之说。可见这班心学家虽然尽管在那里掉弄玄机,尽管在道学范围内变花样,兜圈子,但不知不觉间早已渗入些新成分,为下一个时代开先路。在这种情形下,王学和颜学竟暗通了消息。总之,阳明并不反对读书、稽古、讲习、讨论种种功夫，但这种种功夫须隶属在"致良知"一个总题目之下；他并不反对求"知"，但求知不能当作"行"以外的另一件事。从行动中，从生活中，自然涌现出来的问题，才是活问题；从行动中，从生活中，自然涌现出来的知识，才是活知识。这种思想，直到现代哲学界才可以见到它充分的健全的发展形态，然而早在四百多年前，阳明已经很明显的启示给我们了。

综上所述，我们分析阳明学说，无论从"致良知"上或"知行合一"上，处处可以看出一种自由解放的精神，处处是反对八股化道学，打破道学的陈旧格套。倘若我们再把他的"心即理"和"万物一体"等说法都加以分析，这种自由主义的倾向当更容易看出来，这里也不必一一赘述。我们只看他说：

> 夫学贵得之心。求之于心而非也，虽其言之出于孔子，不敢以为是也，而况其未及孔子者乎？求之于心而是也，虽其言之出于庸常，不敢以为非也，而况其出于孔子者乎？（《答顾东桥书》）

他居然敢不以孔子的是非为是非，而只信自己的心。独断独行，自作主张。什么圣贤榜样、道理格式，都不放在眼里。这种大胆的言论，正可和当时西方的宗教革命家互相辉映。他们都充满自由主义和现实主义的精神。大体说来，阳明实可算是道学界的马丁·路德。他使道学中兴，使道学更加精炼。然而这已经是一种新道学了，已经渗入新时代的成分了。道学的体系未破，但其内部成分却已变更。他一方面大刀阔斧，摧毁传统思想的权威,替新时代做一种扫除工作;同时他又提出许多天才的启示,替新时代做一种指导工作。他既为宋明道学放出极大的光芒,同时却也为清代思想开其先路。清代思想一方面是他的反动,同时却也有许多地方是继承他的。当晚明时代,王学的余焰方炽,而正在解体。一部晚明思想史,几乎可以说是一部王学解体史。这个解体过程结束了,新时代也就出现了。在下面几章,我们就可以看见这一段历史过程怎样一幕一幕地展开。

第二章　王学的分化

在思想史上,一个大师的门下往往是"学焉各得其性之所近,源远而末益分";于是乎"儒分为八,墨分为三",形成许多小派别,而向各方面分途发展。孔子门下如此,程子门下如此,康德门下如此,黑格尔门下如此,阳明门下亦如此。王龙谿说:

良知宗说,同门虽不敢有违,然未免各以性之所近,拟议揍和。有谓良知非觉照,须本于归寂而始得,如镜之照物,明体寂然,而妍媸自辨,滞于照则明反眩矣。有谓良知无见成,由于修证而始全,如金之在矿,非火符锻炼,则金不可得而成也。有谓良知是从已发立教,非未发无知之本旨。有谓良知本来无欲,直心以动,无不是道,不待复加销欲之功。有谓学有主宰,有流行,主宰所以立性,流行所以立命,而以良知分体用。有谓学贵循序,求之有本末,得之

无内外，而以致知别始终。此皆论学同异之见，不容以不辨者也。(《拟岘台会语》)

观此可知王门诸子对于"致良知"这个总口号解释得如何分歧。根据这些不同的解释，可以把他们分成许多派别。但是我们没有这样细分的必要。黄梨洲的《明儒学案》，对于王门诸子，是按地域分配的。他们共占有浙中、江右、南中、楚中、北方、粤闽、泰州七个学案(如算入止修学案则为八个)，其中势力最大而又各自显出一种特色者，当推浙中、江右、泰州三派。但实际上各家主张有不能以地域限者。如王龙谿和钱绪山，虽同属浙中，但恰相对立。如聂双江和罗念庵，在未发已发问题上，不仅迥殊于浙中诸子，并且亦迥殊于同属江右之邹东廓、欧阳南野、黄洛村、陈明水一班人也。大体说来，东廓、绪山诸子，谨守师门矩矱，"无大得亦无大失"；龙谿、心斋使王学向左发展，一直流而为狂禅派；双江、念庵使王学向右发展，事实上成为后来各种王学修正派的前驱。王学的发展过程，同时也就是它向左、右两方面分化的过程。左派诸子固然是"时时越过师说"，右派诸子也实在是自成一套。他们使王学发展了，同时却也使王学变质而崩解了。王学由他们而更和新时代接近了。我们且把这左右两派分别讲述一下：

(一)左派王学

黄梨洲说："阳明先生之学，有泰州、龙谿而风行天下，亦因泰州、龙谿而渐失其传。泰州、龙谿时时不满其师说，益启瞿昙之秘而归之师，盖跻阳明而为禅矣。"(《明儒学案》卷三十二)禅不禅姑不必论。但龙谿、心斋时时越过师说，把当时思想解放的潮流发展到极端,形成王学的左翼;并且以使徒般的精神,到处传播阳明的教义,热情鼓舞,四方风动,这倒是实在的。不管后来学者对于他们怎样排诋,但究竟不能抹杀他们在王学中的极高地位。

首先说王龙谿。他名畿,字汝中,浙之山阴人,与阳明为同郡。生于孝宗弘治十一年(1498),卒于神宗万历十一年(1583),寿八十六岁。当正德、嘉靖间,阳明归越讲学。龙谿年方二十余岁,即往受业。时阳明门人众多,不能遍授,初来学者常使先见龙谿及钱绪山等诸高弟。龙谿坦易和厚,随机启发,所成就者尤多。及阳明卒后,曾出仕为南京职方主事,稍迁至武选郎中。以忤宰相夏贵溪,不久即罢官去。此后退处林下四十余年,无日不讲学。自两都及吴、楚、闽、越皆有讲舍,而江浙为尤盛。年至八十,犹周流不倦。他勤勤恳恳地说:

> 区区身外百念都忘,全体精神只干办此一事。但念东廓、双江、念庵、荆川诸兄相继沦谢,同心益孤。会中得几个真为性命汉子,承接此件事,方放得心。不然,老师一脉,几于绝矣。(《与徐成身书》)

> 区区八十老翁,于世界更有恁放不下?惟师门一脉如线之传,未得一二法器出头担荷,未能忘情,切切求友于四方者,意实在此。(《与沈宗颜书》)

> 区区入山既深,无复世虑。而求友一念,若根于心,不容自已。春夏往赴水西白山之会,秋杪赴江右之会,岁暮始返越。知我者谓我心忧,不知我者谓我何求。人生惟此一事。六阳从地起,师道立则善人多。挽回世教,叙正人

伦，无急于此。惟可与知己道也。(《与萧来凤书》)

　　眼前后辈，真发心为性命者少。去年往江右吊念庵兄，双江、东廓、鲁江、明水相继沦谢，吾党益孤。老师一脉，仅仅如线。自分年衰时迈，须得真发心者二三辈传此微言，庶免断灭宗传。不知相接中亦得几人否？年来海内风声虽觉鼓动，针针见血者亦不多得。科中敬吾纬川颇深信此件事，部中鲁源、思默皆有超卓之见，可时时觅会以尽究竟之谈。所谓不有益于彼，必有益于此也。(《与贡玄略书》)

这些话在《龙谿集》中引不胜引。他简直是以讲学为性命饥渴。数十年中，专为这一件大事到处奔忙，满腔热情，缠绵固结，生生死死而不能自已。他不顾毁誉荣辱，不管当局者之"不悦学"，不管来学者是否"真发心为性命"，而只是栖栖皇皇，强聒不舍的，晓晓然以师说鼓动天下。像这样放下一切，热心拚命地讲学，古今来能找出几个人？当时就有人劝他稍稍休息，但他总是不肯。如《龙谿集》卷五载：

　　子充、继实跪而请曰："先生辙环天下，随方造就引掖，固是爱人不容已之心。但往来交际，未免陪费精神，非高年所宜。静养寡出，息缘省事，以待四方之来学，如神龙之在渊，使人可仰而不可窥，风以动之，更觉人皆有所益。"先生曰："二子爱我可谓至矣。不肖亦岂不自爱？但其中亦自有不得已之情。若仅仅专以行教为事，又成辜负矣。时常处家，与亲朋相燕昵，与妻奴佃仆相比狎，以习心对习事，因循隐约,固有密制其命而不自觉者。才离家出游,精神意思便觉不同。与士大夫交承,非此学不究;与朋侪酬答,非此学不谈。晨夕聚处,专干办此一事。非惟闲思妄念无从而生,虽世情俗态亦无从而入。精神自然专一,意思自然冲和。教学相长,欲究极自己性命,不得不与同志相切劘,相观法。同志中因此有所兴起,欲与共了性命,则是众中自能取益,非吾有法可以授之也。男子以天地四方为志,非堆堆在家可了此生。'吾非斯人之徒与而谁与',原是孔门家法。吾人不论出处潜见,求友取益,原是己分内事。若夫人之信否,与此学之明与不明,则存乎所遇,非人所能强也。至于闭关独善,养成神龙虚誉,与世界若不相涉,似非同善之初心,予非不能,盖不忍也。"(《天柱山房会语》)

聚会讲学,不惟成人,亦以成己。在一种讲学空气中,人己融成一片,薰蒸鼓舞,即教即学,此之谓教学做合一。王学本是常讲"万物一体"的,本是认为"亲民"即所以"明明德"的。试看阳明《答聂双江第一书》及他的"拔本塞源论",全是一片热烈救世心肠。这种精神龙谿发挥得最恳到。他不厌不倦,知其不可而为,绝不肯作自了汉,专去自己受用。他抱着一体同善不容已之情,真觉得人己之间,疾痛痾痒,息息相关。王敬所称他道:"龙谿公非独其透悟处不可得而泯灭也,其一腔爱人热心肠亦必不可得而泯灭。"在这一点上,龙谿实在不愧为阳明的嫡传。他又说:

吾人未尝废静坐,若必藉此为了手,未免等待,非究竟法。圣人之学,主于经世,原与世界不相离。古者教人,只言藏修游息,未尝专说闭关静坐。若日日应感,时时收摄,精神和畅充周,不动于欲,便与静坐一般。况欲根潜藏,非对境则不易发,如金体被铜铅混杂,非遇烈火则不易销。若以见在感应不得力,必待闭关静坐,养成无欲之体,始为了手,不惟蹉却见在功夫,未免喜静厌动,与世间已无交涉,如何复经得世?独修独行,如方外则可。大修行人于尘劳烦恼中作道场。吾人若欲承接尧、舜、姬、孔学脉,不得如此讨便宜也。(《三山丽泽录》)

　　孔门教人之法,见于《礼经》。其言曰:"辨志,乐群,亲师,取友,谓之小成。强立而不反,谓之大成。"未尝有静坐之说。静坐之说,起于二氏,学者殆相沿而不自觉耳。古人自幼便有学,使之收心养性,立定基本。及至成人,随时随地,从事于学,各有所成。后世学绝教衰,自幼不知所养,薰染于功利之习。全体精神,奔放在外,不知心性为何物。所谓欲反其性情而无从入,可哀也已!程门见人静坐,便叹以为善学。盖使之收摄精神,向里寻求,亦是方便法门,先师所谓因以补小学一段工夫也。若见得致知工夫下落,各各随分做去,在静处体玩也好,在事上磨察也好。譬诸草木之生,但得根株着土,遇着和风暖日固是长养他的,遇着严霜烈日亦是坚凝他的。盖良知本体,原是无动无静,原是变动周流。此便是学问头脑,便是孔门教法。若见不得良知本体,只在动静二境上拣择取舍,不是妄动,便是着静,均之为不得所养,欲望其有成也难矣哉。(《东游会语》)

他讲经世,讲事上磨练。他居然指摘静坐,居然提出古儒家的修学方法,有些话简直像清代大师说的。假使抛开其他的玄谈,而只看他这些话,你也许要疑惑他是个事功派或实用派了。自然他也承认静坐自有其相当的用处,也算一种方便法门,但总不认为究竟法。良知无间于动静,所以致良知也无间于动静。我们必须从动静顺逆当前应感极复杂的境界中煎销磨练出来,方能真有得力处。若专去习静,那便是讨便宜,其结果会喜静厌动,这种工夫是靠不住的。这种地方最足表现时代精神,也最足表现王学的特色。然而后来讲王学的专宗右派,把这些地方全给他抹杀了。考龙谿所以致纷纷之议者,大部分由于他的"四无说"。《龙谿集》中有一篇《天泉证道纪》,其大概是:

　　阳明夫子学,以良知为宗。每与门人论学,提四句为教法:无善无恶心之体,有善有恶意之动,知善知恶是良知,为善去恶是格物。学者循此用功,各有所得。绪山钱子谓:此是师门教人定本,一毫不可更易。先生谓:夫子立教随时,谓之权法,未可执定。体用显微,只是一机;心意知物,只是一事。若悟得心是无善无恶之心,意即是无善无恶之意,知即是无善无恶之知,物即是无善无恶之物……绪山谓:若是,是坏师门教法,非善学也。先生谓:学须自证自悟,不从人脚根转。若执着师门权法以为定本,未免滞于言诠,亦非善学也。时夫子将有两广之行……晚坐天泉桥上,因各以所见请质。夫子曰:正要二子有此一问。吾教法原有此两种。四无之说,为上根人立教;四有之说,为中根以下人立教。上根之人,悟得无善无恶心体,便从无处立根基。意与知物,皆从无生。一了百当,即本体便是工夫。易简直截,更无剩欠,顿悟之学也。中根以下之人,未尝悟得本体,未免在有善有恶上立根基。心与知物,皆从有生。须用为善去恶工夫,随处对治,使之渐渐入悟。从有以归于无,复还本体,及其成功一也。世间上根人不易得,只得就中根以下人立教……汝中所见,我久欲发,恐人信不及,徒增躐等之病,故含蓄至今。此是传心秘藏,颜子、明道所不敢言者。……汝中此意,正好保任,不宜轻以示人。概而言之,反成漏泄。德洪却须进此一格,始为玄通。德洪资性沉毅,汝中资性明朗,故其所得亦各因其所近。若能互相取益,使吾教法上下皆通,始为善学耳。

天泉证道是晚明思想界一大公案。东林学派即专攻"无善无恶"四字而并上及于阳明。至刘蕺山、黄梨洲则谓《天泉证道纪》与阳明平日所言不类,疑其为龙谿自己学说。且引邹东廓《青原赠处记》相对勘。其实天泉证道一事,钱绪山所编《阳明年谱》及《传习录》均有记载,"四有"、"四无"之说,与《龙谿集》中所载并无多大差异。念庵与绪山书谓闻之黄洛村,亦正与此处所述相同。可见《天泉证道纪》决非龙谿一家之私言,不能单据《青原赠处记》来疑它。至于"四无"之说,虽由龙谿自己证悟出来,但与阳明本旨实相贯通,所以阳明亦甚称许之。王学本包含一种自然主义,本不拘泥迹象。直往直来,任天而动。善恶双泯,尧桀两忘。"四无"之说,实为其应有的结论。然而龙谿在这一点上实在还没有大放厥词。要看到这种自然主义的充分发展,还有待于泰州学派。比起泰州学派,龙谿倒还算谨严的。

泰州学派的开创者王心斋,是阳明门下最奇怪的一个人物。他名艮,字汝止,生于宪宗成化十九年(1483),卒于世宗嘉靖十九年(1540),寿五十八岁。他原是一个盐丁,并没读过几本书。他常常袖着《孝经》《论语》《大学》,逢人质难,久则能信口谈解。以经证悟,以悟证经。有所得辄向人讲授。并榜其门曰:"此道贯伏羲、神农、黄帝、尧、舜、禹、汤、文、武、周公、孔子,不论老幼贵贱贤愚,有志愿学者传之。"后来往江西访阳明,毫不客气,昂然上座。及反覆论致知格物,乃大叹服曰:"简易直截,吾不及也。"遂下拜称弟子。退而寻思,间有不合,悔曰:"吾轻易矣。"明日入见,且告之悔。阳明曰:"善哉,子之不轻信从也。"心斋复上坐辩难,久之,始大服,遂为弟子如初。阳明谓门人曰:"向者吾擒宸濠,一无所动,今却为斯人动矣。"后阳明归越,心斋从之。既而叹曰:"千载绝学,天启吾师,可使天下有不及闻者乎?"遂自创蒲轮,招摇道路,一直讲学到北京。当时,阳明之学,谤议蜂起。而心斋冠服言动,不与人同,都人以怪魁目之。同门之在京者劝之归,阳明亦移书责之,他才返回会稽。及阳明卒,他回家设教。同门会讲者,常请他为主席。心斋之学,以悟性为宗,以反己为要,以孝弟为实,以乐学为门,以太虚为宅,以古今为旦暮,以明学启后为己任,以九二见龙为正位,以孔氏为家法。有以伊、傅称之者,则曰:"伊、傅之事我不能,伊、傅之学我不由。伊、傅得君,可谓奇遇。如其不遇,终身独善而已。孔子则不然也。"看他热心经世处,和龙谿没有两样,这正是从阳明万物一体的思想一脉演来。他提倡一种尊身主义,一种自我中心主义。他把身看得很大,自尊,自信,赤身承当，以天下为己任。他说：

> 圣人以道济天下，是至重者道也。人能弘道，是至重
> 者身也。道重则身重，身重则道重。故学也者，所以学为
> 师也，学为长也，学为君也。以天地万物依于身，不以身依
> 于天地万物。舍此皆妾妇之道。(《学案》引)

他要做个顶天立地的大丈夫，以一身撑持宇宙。他岸然以师
道自处，甚至以君道自处。磊磊落落，一点婪婴媚世之态也没
有。他讲"格物"的"格"字如"格式"之"格"。他要以身为家
国天下的"格式"，换句话说，就是要以身作则。己身爱则一家
爱，一国爱，而天下皆爱；己身敬则一家敬，一国敬，而天下皆
敬。这不是以身为家国天下的"格式"么？这不是以身作则
么？身为本而家国天下为末，家国天下是跟着身走的。行有不
得，皆反求诸己。反己正是格物的实功。这就是有名的"淮南
格物说"。这样讲法，个人地位特别重要。帅天下以仁，帅天下
以让，"出为帝者师，处为天下万世师"。看这样一个人何等的
伟大。这是一种大我主义，一种健全的个人主义，也正是一种
时代精神的表现。在这里个人主义和万物一体主义融洽无间，
群和己简直不可分了。心斋还有一个最为人所传诵的《乐学
歌》。其辞云：

> 人心本自乐，自将私欲缚。私欲一萌时，良知还自觉。
> 一觉便消除，人心依旧乐。乐是乐此学，学是学此乐。不
> 乐不是学，不学不是乐。乐便然后学，学便然后乐。乐是

学,学是乐。呜呼！天下之乐,何如此学。天下之学,何如此乐。

从前周濂溪曾教二程寻孔颜乐处。阳明也说："乐是心之本体。"至如曾点、庄周、康节、白沙辈,大抵专向"乐"这一路走。这个乐字原是自古所重。但特别提出"乐学"二字作宗旨,却要算心斋的发明。所谓"乐",不过是生机畅遂的意思。生机畅遂则乐,生机阻抑则不乐。行乎其不得不行,止乎其不得不止,哭乎其不得不哭,笑乎其不得不笑。一片天机,洒落自在。这种自得之乐,是超乎富贵利达之乐,是通乎贫贱患难之乐,是人心本体的真乐。倘能不为私欲所缠绕,则生机自然畅遂,本体真乐自然呈现。所谓"学",亦不过任此本体,使生机常常畅遂,不为私欲所戕害而已。"乐"是生机畅遂,"学"亦正是学此生机畅遂。只要使生机畅遂,那就是"乐",也就是"学"。所以说,"乐是乐此学,学是学此乐"。"乐"和"学"融成一片,洒洒落落,任天而动,这里充满着自然主义。《心斋语录》载：

> 一友持功太严。先生觉之曰："是学为子累矣。"因指斫木者示之曰："彼却不曾用功,然亦何尝废学。"

学本是学此乐,本是要使生机畅遂；若用功太严,反妨害生机的自然发展,反成苦事,倒还不如不学。至理并妙道,运水与搬柴。只如那斫木者平平常常自自然然的做将去便了,何必用什么功。心斋曾与徐波石散步月下,波石刻刻检点,他就厉声道："天地不交,否。"又一夕,和波石至一小渠,他立即跳过,顾谓波石道："何多拟议也？"心斋指点人处类如此。在日用常行中，直往直来，当机立断，全是一种自然主义。后来他的儿子东崖，继承家学，把他的乐学主义尽量阐发，更表现自然主义的色彩。

> 鸟啼花落，山峙川流，饥食渴饮，夏葛冬裘，至道无余蕴矣。(《东崖语录》)

由此可以想见东崖的学风，亦可以想见心斋的学风。

　　阳明门下以泰州一派为最盛。从王心斋发端，中经徐波石、赵大洲、颜山农、何心隐、罗近溪、周海门、陶石篑……发皇光大，一代胜似一代。颜何一派，流入"狂禅"，另详下章。其余诸人亦不能一一叙述。兹只把最重要的罗近溪讲一讲：

　　罗近溪名汝芳，生于武宗正德十年(1515)，卒于神宗万历十六年(1588)，寿七十四岁。少读薛文清语，谓："万起万灭之私，乱吾心久矣，今当一切决去，以全吾澄然湛然之体。"决志行之。闭关临田寺，置水镜几上，对之默坐，使心与水镜无二。久之而病心火。偶过僧寺，见有榜急救心火者，以为名医，访之，则聚徒而讲学者也。近溪从众中听良久，喜曰："此真能救吾心火。"问之，为颜山农，得泰州王心斋之传。近溪闻其言，如大梦得醒，明日五鼓即往纳拜为弟子，尽受其学。其后山农以事系留京狱，近溪尽鬻田产脱之，侍养狱中六年，不赴廷试。及归田后，身已老。山农至，近溪不离左右，一茗一果必亲进之。诸孙以为劳，近溪曰："吾师非汝辈所能事也。"楚人胡宗正，故为近溪举业弟子，已闻其有得于《易》，反北面受学焉。大抵近溪十五而定志于张洵水,二十六而正学于山农,三十四而悟《易》于胡生,四十六而证道于泰山丈人,七十而问心于武夷先生,其生平进学历程约略如此。其学以赤子良心、不学不虑为的,以天地万物同体、彻形骸、忘物我为大。此理生生不息,不须把持,不须接续,当下浑沦顺适。工夫难得凑泊,即以不屑凑泊为工夫;胸次茫无畔岸,便以不依畔岸为胸次。解缆放船,顺风张棹,无之非学。学人不省,妄以澄然湛然为心之本体,沉滞胸膈,留恋景光,是为鬼窟活计,非天明也。论者谓龙谿笔胜舌,近溪舌胜笔。微谈剧论,所触若春行雷动。虽素不识学之人,俄顷之间,能令其心地开明,道在眼前。一洗理学肤浅套括之气,当下便有受用。其《语录》载:

昆阳州守夏渔请曰:"恒谓圣贤非人可及,故究情考索,求之愈劳而去之益远。岂知性命诸天,本吾固有。日用之间,言动事为,其停当处,即与圣贤合一也。"罗子曰:"停当二字,尚恐未是。"夏守瞿然曰:"言动事为,可不要停当耶?"曰:"可,知言动事为,方才可说停当。则子之停当,有时而要,有时而不要矣。独不睹兹柏林之禽鸟乎?其飞鸣之相关何如也?又不观海畴之青苗乎?其生机之萌苗何如也?子若拘拘以停当求之,则此鸟、此苗何时而为停当,何时而为不停当耶?《易》曰:水流而不息,物生而不穷。造化之妙,原是贯澈浑融。吾子蚤作而夜寐,嬉笑而偃息,无往莫非此体。岂待言动事为,方思量得个停当?又岂直待言动事为停当,方始说道与古先圣哲不殊?若如是用功,如是作见,则未临言动事为固是错过,而既临言动事为,亦总是错过矣。"夏守憼然自省,作而言曰:"子在川上,不舍昼夜。吾人心体,未尝一息有间。今当下生意津津,不殊于禽鸟,不殊于新苗,往时万物一体之仁,果觉浑沦成片矣。欲求停当,岂不是个善念?但善则便落一边。既有一边善,便有一边不善;既有一段善,便有一段不善。如何能得昼夜相通?如何能得万物一体?颜子得此不息之体,其乐自不能改。若说以贫自安而不改,浅之乎窥圣贤矣。"

宇宙间只此一片生机洋溢,禽鸟飞鸣、新苗萌茁,皆天机鼓动而不能自已。这原是超乎善恶的,无所谓停当不停当。无论怎样严正的道德家,他能就鸟语花香加以善恶的判断么?人生朝作夜息,饥食渴饮,推而至于爱亲敬长,成仁取义,也无非此一片天机流行,如花自开,如鸟自鸣。这一点自然不容已的生机,通乎人物,通乎圣凡,通乎大人赤子。只此便是"仁",便是"乐",与世俗苦乐善恶不啻云泥之别。近溪常把"仁"和"乐"混在一起,讲得极亲切,如云:

所谓乐者,窃意只是个快活也。岂快活之外,复有所谓乐哉?生意活泼,了无滞碍,即是圣贤之所谓乐,即是圣贤之所谓仁。盖此仁字,其本源根柢于天地之大德,其脉络分明于品汇之心元。故赤子初生,孩而弄之则欣笑不休,乳而育之则欢爱无尽。盖人之出世,本由造物之生机。故人之为生,自有天然之乐趣。故曰:"仁者人也。"此则明白开示学者以心体之真,亦指引学者以入道之要。

后世不省仁是人之胚胎，人是仁之萌蘖，生化浑融，纯一无二，故只思于孔颜乐处，竭力追寻，顾却忘于自己身中讨求着落。诚知仁本不远，方识乐不假寻。

看他无论讲"仁"，讲"乐"，都只是从生机上讲。就从这生机二字上，他推演出多少微言妙谛来。我们简直可以称他为生机主义者。他有一段最深切的话：

> 向从《大学》至善推演到孝弟慈。尝由一身之孝弟慈而观之一家，未尝有一人而不孝弟慈者；由一家之孝弟慈而观之一国，未尝有一人而不孝弟慈者；由一国之孝弟慈而观之天下，亦未有一人而不孝弟慈者。又由缙绅士大夫以推之群黎百姓，又由孩提少长以推之壮盛衰老，孩提少长皆是爱亲敬长，以能知能行此孝弟慈也。又时乘闲暇，纵步街衢，肆览大众，其间人数何啻亿兆之多，窥觑其中，总是父母妻子之念固结维系，所以勤谨生涯，保护躯体，而自有不能已者。故某自三十，登第归山，中间侍养二亲，敦睦九族，入朝而遍友贤良，远仕而躬御魑魅，以至年载多深，经历久远，乃叹孔门《学》、《庸》全从《周易》"生生"一语化将出来。盖天命不已方是生而又生，生而又生方是父母而已身，已身而子，子而又孙，以至曾而且玄也。故父母兄弟子孙是替天命生生不已显现个肤皮，天命生生不已是替孝父母弟兄长慈子孙通透个骨髓。直竖起来，便成上下今古，横亘将去，便作家国天下。孔子谓："仁者人也，亲亲为大。"其将《中庸》、《大学》已是一句道尽。孟氏谓：

"人性皆善","尧舜之道,孝弟而已矣"。其将《大学》《中庸》亦是一句道尽。

他看全宇宙是一个大生命,是一个生命之流,即显即微,即天即人,纵横上下,沦浃融贯,全无丝毫间隙,既亲切恳到,又广大深远,从来讲孔家哲学的还没人讲得这样彻骨彻髓。这真可算是一种唯生论。他还有一段很精彩的话:

> 方自知学,即泛观虫鱼,爱其群队恋如,以及禽鸟之上下,牛羊之出入,形影相依,悲鸣相应,浑融无少间隔,辄恻然思曰:"何独于人而异之?"后偶因远行,路途客旅,相见即忻忻,谈笑终日,疲倦俱忘,竟亦不知其姓名。别去,又辄恻然思曰:"何独于亲戚骨肉而异之?"噫!是动于利害,私于有我焉耳。从此痛自刻责,善则归人,过则归己;益则归人,损则归己。久渐纯熟,不惟有我之私,不作间隔,而家国天下翕然孚通。甚至发肤不欲自爱,而念念以利济为急焉。三十年来,觉恕之一字,得力独多也。

他不断说以恕求仁,本来也是老生常谈。但经他发挥起来,却真使人恻然心动。他看物我之间,息息相关,本着自己那点一体不容已的心情,专从事于利世济人。他肯牺牲,肯管闲事。如《语录》载:

> 先生过麻城,民舍失火,见火光中有儿在床。先生拾拳石号于市,出儿者予金视石。一人受石出儿,石重五两,

先生依数予之。其后先生过麻城,人争睹之曰:"此救儿罗公也。"

这种做法,叫普通的道学先生看来,已稍嫌张皇。然而近溪犹不止此。他有时候太热心了,简直什么嫌疑都不避。如:

一邻媪以夫在狱,求解于先生,辞甚哀苦。先生自嫌数干有司,令在座孝廉解之,售以十金,媪取簪珥为质。既出狱,媪来哀告,夫咎其行贿,詈骂不已。先生即取质还之,自赀十金偿孝廉,不使孝廉知也。

像这样行贿的事,不必说道学先生,稍自好者谁肯沾手?然而近溪放手做去,自赔十金,代人行贿,名利两丧,全不顾惜,他只知道救人而已。又如:

耿天台行部至宁国,问耆老以前官之贤否。至先生,耆老曰:"此当别论,其贤加于人数等。"曰:"吾闻其守时亦要金钱。"曰:"然。"曰:"如此恶得贤?"曰:"他何曾见得金钱是可爱的?但遇朋友亲戚所识穷乏便随手散去。"

他这样满不在乎,无怪乎杨止庵议他:

……用库藏充馈遗,归者如市。……归来请托烦数,取厌有司。……

这种路数显然带游侠气味,已经完全是颜山农、何心隐一流人物,和普通儒者面目大不相同了。

(二)右派王学

黄梨洲说:"姚江之学,惟江右为得其传,东廓、念庵、两峰、双江其选也。再传而为塘南、思默,皆能推原阳明未尽之意。是时越中流弊错出,挟师说以杜学者之口,而江右独能破之,阳明之道赖以不坠。盖阳明一生精神俱在江右,亦其感应之理宜也。"(《明儒学案》卷十六)

大概浙中之学近左方,江右之学近右方。虽不尽然,取其多者论之,兹单就双江、念庵、塘南讲一讲:

聂双江名豹,字文蔚,生于宪宗成化二十三年(1487),卒于世宗嘉靖四十二年(1563),寿七十七岁。累官至兵部尚书,太子少傅,赠少保,谥贞襄。当阳明在越时,双江以御史按闽,过武林,渡江往见。去后复上书,阳明答之。即现在《传习录》中所存《答聂文蔚第一书》也。及阳明征思田,他又上书问学,于是又有《答聂文蔚第二书》,亦存《传习录》中。阳明既没,双江时官苏州,曰:"昔之未称门生者,冀再见耳,今不可得矣。"于是设位,北面再拜,始称门生。以钱绪山为证,刻两书于石以识之。后为辅臣夏贵溪所恶,逮系诏狱,逾年始出。狱中闲久静极,忽见此心真体,光明莹澈,万物皆备。乃喜曰:"此未发之中也。守是不失,天下之理皆从此出矣。"于是始与来学立静坐法,使之归寂以通感,执体以应用。是时同门为良知之学者,以为"未发即在已发之中",盖发而未尝发,故未发之功却在发上用,先天之功却在后天上用。他们都不赞成双江的说法。王龙谿、黄洛村、陈明水、邹东廓、刘两峰各致难端,钱绪山至谓:

"未发竟从何处觅。"只有罗念庵深相契合,谓:"双江所言,真是霹雳手段,许多英雄瞒昧,被他一口道着,如康庄大道,更无可疑。"两峰晚乃信之,曰:"双江之言是也。"双江曾把他们的反对论调总括为三端:

> 疑予说者,大略有三:其一谓道不可须臾离也,今日动处无功,是离之也;其一谓道无分于动静也,今日工夫只是主静,是二之也;其一谓心事合一,仁体事而无不在,今日感应流行,着不得力,是脱略事为,类于禅悟也。(《答东廓》)

这些反对论调虽自各方攻来,然而双江根据自己的切实体验,根据自己的得力处,坚决主张,断然不惑,他是振振有词的。他辩护自己的主张而反击他们道:

> 源泉者,江淮河汉之所从出也;然非江淮河汉,则亦无以见所谓源泉者。故浚源者,浚其江淮河汉所从出之源,非以江淮河汉为源而浚之也。根本者,枝叶花实之所从出也。培根者,培其枝叶花实所从出之根,非以枝叶花实为根而培之也。今不致感应变化所从出之知,而即感应变化之知而致之,是求日月于容光必照之处,而遗其悬象著明之大也。(《答许玉林》)
>
> 心无定体之说,谓心不在内也,百体皆心也,万感皆心也。亦尝以是说而求之,譬之追风逐电,瞬息万变,茫然无所措手,徒以乱吾之衷也。(同上)
>
> 夫无时不寂、无时不感者,心之体也。感惟其时而主

之以寂者,学问之功也。故谓寂感有二时者,非也。谓工夫无分于寂感,而不知归寂以主夫感者,又岂得为是哉?(《答东廓》)

感上求寂,和上求中,事上求止,万上求一,只因格物之误,蔓延至此。(《答邹西渠》)

子思以后,无人识中字。随事随时,讨求是当,谓是为中而执之,何啻千里? 明道云:"不睹不闻便是未发之中。"不闻曰隐,不睹曰微,隐微曰独。独也者,天地之根,人之命也。学问只有此处,人生只有这件,故曰天下之大本也。慎独便是致中,中立而和生焉,天下之能事毕矣。(《答应容庵》)

龟山一派,每言"静中体认",又言"平日涵养"。只此四字,便见吾儒真下手处。考亭之悔,以误认此心作已发,尤明白直指。(《困辨录》)

或问:"周子言静,而程子多言敬,有以异乎?"曰:"均之为寡欲也。周曰'无欲故静',程曰'主一之谓敬'。一者,无欲也。然由无欲入者,有所持循,久则内外斋庄,自无不静。若从头便主静,惟上根者能之。盖天资明健,合下便见本体,亦甚省力。而其弊也,或至厌弃事物,赚入别样蹊径。是在学者顾其天资力量,而慎择所由也。近世学者猖狂自恣,往往以主静为禅学,主敬为迂学,哀哉!"(同上)

看这些话可知双江立论之大概。他确乎把握住一个枢机,对于致良知别有会心,故言之真切如此。本来未发已发问题是宋明道学界一大公案。自从周濂溪有主静立极之说,后来程子以

"静"字稍偏,恐易生流弊,乃改用一"敬"字。但程门诸子即已发生分歧,最明显的如:李延平继承杨龟山、罗豫章的传统,默坐澄心,体验喜怒哀乐未发以前气象,是专走未发一路;同时胡五峰有"察识端倪"之说,是专走已发一路。朱子虽早从延平,但于未发一着,并未得力。及遇张南轩,得闻五峰之学,对于"察识端倪"之说倒切实体会一番。但不久他感觉"急迫浮露","无深潜纯一之味","浩浩茫茫,无下手处",乃复归于延平。几经反覆,乃又觉得还是只有程子妥当,延平之说终嫌稍偏。所以最后仍提出"敬"字作主脑,静时存养,动时省察,未发已发,双方兼顾。这场公案一时总算解决了。但朱子是二元论者,他的解决方法终不能融洽无间。及阳明提出个致良知,"良知之前,更无未发;良知之后,更无已发",真可谓一了百当。然而他的门下又起分化了。双江以归寂为宗,专走未发一路,认已发无功夫可用;和他的许多同门,专走已发一路,而认未发上无功夫可用者,恰相对立。他所指摘当时已发派的毛病,和朱子所指"察识端倪"的毛病,也正相类似。他不把致良知的"致"字当作依照良知做去的意思,而当作一种收摄凝聚的功夫。愈收摄就是愈推致。这虽和阳明南京以前所走路径相合,但于致良知的口诀显然有所转手,所以才遭受同门的环攻。但是他有实在功夫,确乎能挽救左派猖狂之病,所以后来讲王学的很推重他。这种情形到罗念庵就更明显了。

罗念庵名洪先,字达夫,生于孝宗弘治十七年(1504),卒于世宗嘉靖四十三年(1564),寿六十一岁。他是后来学者所公认为最能继承阳明之一人。然而他并没有见过阳明。当阳明《年谱》编定时,绪山语他道:"子于师门,不称门生而称后学者,以师存日未得及门委贽也。子谓古今门人之称,其义止于及门委贽乎? 子年十四时,欲见师于赣,父母不听,则及门者其素志也。今学其学者,三纪于兹矣。非徒得其门,所谓升堂入室者,子且无歉焉,于门人乎何有? ”谱中改称门人,绪山、龙谿证之也。念庵以濂溪“无欲故静”之旨为圣学嫡传。其于同门诸子,最心契双江。是时王门学者,除双江外,大概都说:“知善知恶,即是良知;依此行之,即是致知。”念庵不以为然,对于“现成良知”之说力加反对。其言曰:

往年见谈学者皆曰:“知善知恶,即是良知;依此行之,即是致知。”予尝从此用力,竟无所入,久而后悔之。(《甲寅夏游记》)

良知固出于禀受之自然而未尝泯灭,然欲得流行发见,如孩提之时,必有致之之功。非经枯槁寂寞之后,一切退听而天理炯然,未易及此。阳明之龙场是也。学者舍龙场之惩创,而谈晚年之熟化,譬之趋万里者,不能蹈险出幽,而欲从容于九达之逵,岂止躐等而已哉?(《寄谢高泉》)

从前为“良知时时见在”一句误却,欠缺培养一段功夫。培养原属收敛翕聚。甲辰夏,因静坐十日,恍恍见得,又被龙谿“诸君”一句转了。……阳明拈出良知,上面添一“致”字,便是扩养之意。……今却尽以知觉发用处为良知,至又易“致”字为“依”字,则是只有发用无生聚矣。(《与尹道舆》)

良知二字,乃阳明先生一生经验而后得之。……当时迁就初学,令易入,不免指见在发用以为左券。至于自得,

固未可以草草谬承。而因仍其说者，类借口实，使人猖狂
自恣，则失之又远。(《寄张须野》)

他强调地讲那个"致"字。收摄凝聚，正是致良知的实功。必须
从静中培养多少年，到枯槁寂寞，一切放下之后，然后良知的真
面目炯然呈露。这样历程，阳明本人也是经过的。至于愚夫愚
妇乍隐乍现的一点灵明，借以指点启发则可，若果然圣愚同视，
专凭当下知觉信手做去，不下一种收摄凝聚的功夫，实实"致"
它一番，终将流入猖狂一路，阳明当日并不如此。他学阳明是根
据自己亲身所体验，以与阳明一生整个进学历程相对证，并不拘
泥阳明的口诀，他讥斥那班专以师说压倒人的道：

　　阳明公门下争"知"字如敬师讳，不容人谈破。(《读双
江致知议略》)

他认定解决自己性命问题要紧，不应该专在话头上拈弄。
他说：

　　吾辈一个性命，千疮百孔，医治不暇，何得有许多为人
说长道短耶？弟愿老兄将精一还尧、舜，感应还孔子，良知
还阳明，无生还佛。直将当下胸中粘带，设计断除；眼前纷
纭，设计平妥；原来性命，设计恢复。益于我者取之，而非
徇其言也；害于我者违之，而非徒以言也。(《答何善山》)

他这样真切为性命，所以最注意工夫，而反对人空言本

体。他说：

> 终日谈本体，不说工夫；才拈工夫，便指为外道。恐阳明先生复生，亦当攒眉也。(《寄王龙谿》)
>
> 自来圣贤论学，未有不犯做手一言，未有学而不由做者，惟佛家则立跻圣位。此龙谿极误人处。(《读双江致知议略》)

念庵和龙谿切磋处最多，其议论大部分都是为救龙谿之弊而发。但实际上龙谿尚不像泰州派那样撒手自在，他也自有他的工夫。请看他说：

> 吾人包裹障重，世情窠臼，不易出头。以世界论之，是千百年习染；以人身论之，是半生倚靠。见在种种行持点检，只在世情上寻得一件极好事业来做，终是看人口眼。若是超出世情汉子，必须从浑沌里立定根基，将一种好心肠彻底洗涤令干净，枝叶愈枯，灵根愈固。从此生天，生地，生人，生物，方是大生，方是生生不息真种子，今去此尚远也。(《与念庵书》见念庵《冬游记》)
>
> 先师自谓："良知二字，是吾从万死一生中体悟出来，多少积累在。但恐学者见太容易，不肯实致其良知，反把黄金作顽铁用耳。"先师在留都时，曾有人传谤书，见之不觉心动，移时始化。因谓终是名根消煞未尽，譬之浊水澄清，终有浊在。余尝请向平藩事。先师云："在当时只合如此做，觉来尚有微动于气所在。使今日处之，更自不同。"

夫良知之学，先师所自悟，而其煎销习心习气，积累保任工
夫，又如此其密。吾党今日未免傍人门户，从言说知解承
接过来，而其煎销积累保任工夫，又如此其疏。徒欲以区
区虚见，影响缘饰，以望此学之明。譬如不务覆卵而即望
其时夜，不务养珠而即望其飞跃，不务煦育胎元而即望其
脱胎神化，益见其难也已。(《滁阳会语》)

看这些话简直和念庵如出一口。龙谿也深悉阳明进学的历
程、用功的节次，知道良知二字不是容易得来。他也认为必须彻
底煎销习心习气，从枯槁寂寞中培养生生不息的真种子。但他
和念庵毕竟不同。他的煎销保任工夫，只在日常生活中。随处
用力，无分动静。即发用，即收敛，即工夫，即本体。良知透出
一分，就实"致"一分，愈"致"愈明，自然日有进境。依良知而
行就是致良知，并不是另外还有"致"的工夫也。念庵却不是这
样看法。他断然归宗于主静。如云：

致良知者，致吾心之虚静而寂焉，以出吾之是非；非逐
感应以求其是非，使人扰扰外驰，而无所于归以为学也。
夫知，其发也；知而良，则其未发，所谓虚静而寂焉者也。
吾能虚静而寂。虽言不及感，亦可也。(《双江七十序》)

今之言良知者，恶闻静之一言，以为良知该动静、合内
外，主于静焉，偏矣。此恐执言而未尽其意也。夫良知该
动静、合内外，其统体也，吾之主静，所以致之。盖言学也，
学必有所由而入，未有入室而不由户者。苟入矣，虽谓良
知本静亦可也，虽谓致知为慎动亦可也。吾不能复无极之

真者,孰为之乎？盖动而后有不善,有欲而后有动,动于欲而后有学。学者,学其未动焉者也。学其未动而动斯善矣,动无动矣。(《答董蓉山》)

周子所谓主静者,乃无极以来真脉络。其自注云:"无欲故静。"是一切染不得,一切动不得。庄生所言混沌者近之,故能为立极种子。非就识情中认得个幽闲暇逸者,便可替代为此物也。指其立极处,与天地合德,则发育不穷;与日月合明,则照应不遗;与四时合序,则错行不忒;与鬼神合吉凶,则感应不爽。修此而忘安排,故谓之吉。悖此而费劳攘,故谓之凶。若识认幽闲暇逸,以为主静,便与野狐禅相似,便是有欲。一切享用玩弄,安顿便宜,厌忽纵弛,隐忍狼狈之弊,纷然潜入,而不自觉。即使孤介清洁,自守一隅,亦不免于偏听独任,不足以倡率防检,以济天下之务,其与未知学者何异也?(《答门人》)

《传习录》有曰:"无善无恶者理之静,有善有恶者气之动。不动于气即无善无恶,是谓至善。"夫至善者,非良乎?今之言良知者,一切以知觉簸弄,终日精神随知流转,无复有凝聚纯一之时,此岂所谓不失赤子之心者乎?恐阳明公复出,不能不矫前言而易之以他辞也。洛村尝问:"独知时有念否?"公答以"戒惧亦是念。戒惧之念,无时可息;自朝至暮,自少至老,更无无念之时"。盖指用功而言,亦即所谓不失赤子之心,非浮漫流转之谓也。今之学者,误相援引,便指一切凡心,俱谓是念,实以遂其放纵恣肆之习。执事所见虽高,然大要以心属感,似与此辈微觉相类。自未闻良知之说以前,诸公之学颇多得力。自良知之说盛行,今二十余年矣。后之得力,较先进似或不勇。
此岂无故耶?(《答陈明水》)

他对于主静一脉确有心得,确具正解,疑似之辨极精。他甚至议论到阳明的口诀上。龙谿曾说过:"致良知三字,及门者谁不闻,惟我信得及。"念庵这种见解,若照龙谿看来,也就算对于致良知信不及了。然而从念庵看来,龙谿只是空谈,其所谓工夫简直不算工夫。如云:

> 龙谿之学,久知其详,不俟今日。然其讲工夫,又却
> 是无工夫可用,故谓之"以良知致良知"。……大抵本之
> 佛氏。……直是与吾儒"兢兢业业,必有事"一段绝不相
> 蒙……(《与聂双江》)

念庵的主静,本是一种戒慎恐惧、提撕警觉的工夫,所谓"尧舜兢业过一生"者,所以最不满意于龙谿的放荡。然而龙谿却也疑惑他枯寂。他曾经在石莲洞静修,默坐半榻间,不出户者三年。龙谿访他于松原,问他行持比前何似,本想加以匡正,但他回答道:

> 往年尚多断续,近来无有杂念。杂念渐少,即感应处
> 便自顺适。即如均赋一事,从六月至今半年,终日纷纷,
> 未尝敢厌倦,未尝敢执着,未尝敢放纵,未尝敢张皇,惟恐
> 一人不得其所。一切杂念不入,亦不见动静二境,自谓此
> 即是静定工夫。非纽定默坐时是静,到动应时便无着静处

也。(《松原志晤》)

这是他主静真得力处,龙谿也只有嗟叹而去。本来龙谿也未尝
不静坐,未尝不说"静处体玩也好",只是不把它当作少不了的
主要工夫而已。念庵加强提出主静作把柄,这是他和龙谿毫发
千里的地方。一个说:只要见得良知本体,静也好,动也好;一
个说:非主静则良知无从致。两人所争只在这一点。然而念庵
又说:

　　夫心一而已,自其不出位而言,谓之寂,位有常尊,非
守内之谓也。自其常通微而言,谓之感,发微而通,非逐
外之谓也。寂非守内,故未可言处,以其能感故也,绝感
之寂,寂非真寂矣。感非逐外,故未可言时,以其本寂故
也,离寂之感,寂非正感矣。此乃同出而异名,吾心之本然
也。寂者一,感者不一。是故有动,有静;有作,有止。人
知动作之为感矣,不知静与动、止与作之异者境也,而在吾
心,未尝随境异也。随境有异,是离寂之感矣。感而至于
酬酢万变,不可胜穷,而皆不外乎通微,是乃所谓几也。
故酬酢万变而于寂者,未尝有碍。非不碍也,吾有所主故
也。苟无所主,则亦驰逐而不返矣。声臭俱泯,而于感者
未尝有息,非不息也,吾无所倚故也。苟有所倚,则亦胶
固而不通矣。此所谓收摄保聚之功,君子知几之学也。学
者自信于此,灼然不移,即谓之守寂可也,谓之妙感亦可
也;即谓之主静可也,谓之慎动亦可也。此岂言说之可定
哉!……使于真寂端倪果能察识,随动随静,无有出入,不

与世界物事相对待，不倚自己知见作主宰，不着道理名目生证解，不藉言语发挥添精神，则收摄保聚之功，自有准则。明道云："识得仁体，以诚敬存之，不须防检穷索，必有事而勿正，心勿忘，勿助长，未尝致纤毫之力。"此其存之之道，固其准则也。（《甲寅夏游记》）

这段话讲得最精密，最圆融，比之双江似乎又进一步，可算是念庵的晚年定论。龙谿听罢，也笑着说："兄已见破到此，弟复何言。"似乎他们的意见已归一致了。黄梨洲谓念庵之学："始致力于践履，中归摄于寂静，晚彻悟于仁体。"在第二个阶段上，他对于双江《困辨录》中的意见完全一致。到第三阶段上，就稍有差别了。他在《读困辨录钞序》上说："余始手笺是录，以为字字句句无一弗当于心；自今观之，亦稍有辨矣。"看他下文批评双江的地方，正和方所引《甲寅夏游记》中的话相契合；而这段话最后归结于明道的《识仁篇》，也许正是梨洲所谓"晚彻悟于仁体"的根据。前引诸段，亦与这段话很相类似的，或系同时期之言，此处未暇详考，总之，这些话都是周、程以降相传的微旨，无论阳明、龙谿、念庵都没有根本的异见，然而念庵终不肯苟同于龙谿者，特谓其认知觉情识为良知，遂至猖狂无忌惮耳。说到这里，我想起阳明进学的历程：

……自此之后，尽去枝叶，一意本原，以默坐澄心为学的。有未发之中，始能有发而中节之和，视听言动，大率以收敛为主，发散是不得已。江右以后，专提"致良知"三字，默不假坐，心不待澄，不习不虑，出之自有天则。盖良知即是未发之中，此知之前更无未发；良知即是中节之和，此知之后更无已发。此知自能收敛，不须更主于收敛；此知自能发散，不须更期于发散。收敛者，感之体，静而动也；发散者，寂之用，动而静也。知之真切笃实处即是行，行之明觉精察处即是知，无有二也。居越以后，所操益熟，所得益化，时时知是知非，时时无是无非，开口即得本心，更无假借凑泊，如赤日当空而万象毕照。是学成之后，又有此三变也。（《明儒学案》卷十）

这第一变分明就是后来双江、念庵所走路径，而前引念庵《甲寅夏游记》中那段话已庶几达到第二变。这第二变乃是王门普通口诀，龙谿讲得格外明朗。至龙谿四无之说，则庶几乎第三变了。照这样说，岂不是龙谿远非念庵所能及么？这倒不然。他们的高低，是不容轻易判定的。念庵有言"善学者竭力为上，解悟次之，听言为下"，龙谿是个"狂者"，全凭"解悟"，并非"竭力"实造其境。若念庵，却是个脚踏实地的人。他殊不喜欢唱高调，不像左派诸人那样张皇。他觉得左派诸人"承领本体太易"，也确乎能指出他们的症结所在。后来对于王学的各种修正意见，大概都是从这里发展出来的。

王塘南名时槐，生于嘉靖元年（1522），卒于万历三十三年（1605），寿八十四岁。弱冠师事同邑刘两峰，刻意为学。仕而求质于四方之言学者，未之或怠，终不敢自以为得。五十罢官，屏绝外务，反躬密体，如是三年，有见于空寂之体。又十年，渐悟生生真机，无有停息，不从念虑起灭。学徒收敛而入，方能入微，故以透性为宗，研几为要。大体近念庵，而辨析磨勘，别出

手眼,亦右派中之杰出者也。其言曰:

> 弟昔年自探本穷源起手,诚不无执恋枯寂。然执之之极,真机自生,所谓"与万物同体"者,亦盎然出之,有不容已者。非学有转换,殆如腊尽阳回,不自知其然而然也。兄之学本从"与物同体"入手,此中最宜精研。若未能入微,则亦不无笼统漫过、随情流转之病。(《与萧兑嵎》)

萧兑嵎不详其来历,但从塘南这段话却可看出右派和左派不同地方。右派诸人自双江、念庵以至塘南,都是从枯槁寂寞中打熬出来的。左派诸人却没有过这种刻苦工夫,而直下承当,一出手就热烘烘地向万物一体处尽量发挥。在右派看来,这实在是"承领本体太易",他们本源尚未清,真性尚未透,金银铜铁,混在一起,都只是"笼统漫过、随情流转"罢了。其流弊所极,当有如塘南所说:

> 学者以任情为率性,以媚世为与物同体,以破戒为不好名,以不事检束为孔颜乐地,以虚见为超悟,以无所用耻为不动心,以放其心而不求为未尝致纤毫之力者多矣,可叹哉!(《三益轩会语》)

后来东林派就是用这些话攻击王学末流的。塘南认定学虽无分于动静,而必须从静入手。如云:

> 学无分于动静者也。特以初学之士,纷扰日久,本心

真机尽汩没蒙蔽于尘埃中，是以先觉立教，欲人于初下手时，暂省外事，稍息尘缘，于静坐中默识自心真面目。久之，邪障彻而灵光露，静固如是，动亦如是。到此时，终日应事接物，周旋于人情事变中而不舍，与静坐一体无二，此定静之所以先于能虑也。岂谓终身灭伦绝物，块然枯坐，徒守顽空冷静，以为究竟哉！(《答周守甫》)

这些话和双江、念庵意思一样，而说得格外平易。他对于良知有个独到的解释：

知者，先天之发窍也。谓之发窍，则已属后天矣。虽属后天，而形气不足以干之。故知之一字，内不倚于空寂，外不堕于形气，此孔门之所谓中也。(《答朱易庵》)

性者，先天之理。知属发窍，是先天之子，后天之母也。此知在体用之间，若知前求体则着空，知后求用则逐物。知前更无未发，知后更无已发，合下一齐俱了，更无二功，故曰独。独者，无对也。(《答萧勿庵》)

生几者，天地万物之所从出，不属有无，不分体用。此几以前，更无未发，此几以后，更无已发。若谓生几以前，更有无生之本体，便落二见。……知者，意之体，非意之外有知也；物者，意之用，非意之外有物也。但举意之一字，则寂感体用悉具矣。意非念虑起灭之谓也，是生几之动而未形，有无之间也。独即意之入微，非有二也。意本生生，惟造化之机，不充则不能生。故学贵从收敛入，收敛即为慎独，此凝道之枢要也。(《与贺汝定》)

他从未发已发间把握住一个"窍"，就在这"窍"上，收摄凝聚，即此便是"知几"，便是"慎独"，便是"诚意"，便是"致良知"，一了百当。这些地方，虽然根本精神上仍是念庵一路，但立论已有微异。他更明显地说：

> 舍发而别求未发，恐无是理。既曰戒慎，曰恐惧，非发而何？但今人将发字看得粗了，故以澄然无念时为未发。不知澄然无念正是发也。(《答钱启新》)

> "致良知"一语，惜阳明发此于晚年，未及与学者深究其旨。先生没后，学者大率以情识为良知，是以见诸行事，殊不得力。罗念庵乃举未发以究其弊，然似未免于头上安头。夫所谓良知者，即本心不虑之真明，原自寂然，不属分别者也。此外岂更有未发耶？(《三益轩会语》)

可见塘南对于未发已发的看法实不尽同于念庵，大足以折衷江右与浙中两派而解其纷。他辨析名理极精，如云：

> 断续可以言念，不可言意；生机可以言意，不可以言心；虚明可以言心，不可以言性；至于性，则不容言矣。(《三益轩会语》)

> 澄潭之水，固发也；山下源泉，亦发也；水之性，乃未发也。离水而求水性，曰支；即水以为性，曰混；以水与性为二物，曰歧。惟时时冥念，研精入微，固道之所存也。(《答钱启新》)

这些地方真讲得剔透玲珑,头头是道。又说:

> 盈宇宙间,一气也。即使天地混沌,人物销尽,只一空虚,亦属气耳。此至真之气,本无终始,不可以先后天言,故曰"一阴一阳之谓道"。若谓别有先天在形气之外,不知此理安顿何处? 通乎此,则知洒扫应对便是形而上者。(《与贺汝定》)

他很明澈地反对理气二元论。至于讲悟性、知几、慎独……许多精彩议论,我们不能一一阐述,总之,后来刘蕺山的许多说法,在塘南言论里早有发见了。

第三章　所谓狂禅派

当万历以后,有一种似儒非儒、似禅非禅的"狂禅"运动风靡一时。这个运动以李卓吾为中心,上溯至泰州派下的颜何一系,而其流波及于明末的一班文人。他们的特色是"狂",旁人骂他们"狂",而他们也以"狂"自居。本来当年阳明就自命为"狂者"。如《传习录》载:

> 薛尚谦、邹谦之、马子莘、王汝止侍坐,因叹先生自征宁藩以来,天下谤议益众,请各言其故。有言先生功业势位日隆,天下忌之者日众;有言先生之学日明,故为宋儒争是非者亦日博;有言先生自南都以后,同志信从者日集,而四方排阻者日益力。先生曰:"诸君之言,信皆有之。但吾一段自知处,诸君未道及耳。"诸友请问。先生曰:"我在南都以前,尚有些子乡愿的意思在。我今信得这良知真

是真非，信手行去，更不着些覆藏。我今才做得个'狂者'的胸次，使天下之人都说我'行不掩言'也罢。"薛尚谦出，曰："信得此过，方是圣贤的血脉。"

由此可知"狂"正是王学的本色。不过阳明究竟还不甚"狂"，后来左派就专从这一路发展了。龙谿极力辨别狂狷与乡愿，对于"狂者"大为赞扬。如云：

> 孔子不得中行，而思及于狂，又思及于狷。若乡愿则恶绝之甚，则以为德之贼。……狂者之意，只是要做圣人，其行有不掩，虽是受病处，然其心事光明超脱，不作些子盖藏回护，亦便是得力处。若能克念，时时严密得来，即为中行矣。狷者虽能谨守，未办得必做圣人之志。以其知耻不苟，可使激发开展以入于道，故圣人思之。若夫乡愿，不狂不狷，初间亦是要学圣人，只管学成觳套，居之行之，像了圣人忠信廉洁，同流合污，不与世间立异，像了圣人混俗包荒。圣人则善者好之，不善者恶之，尚有可非可刺，乡愿之善既足以媚君子，好合同处又足以媚小人，比之圣人更觉完全无破绽。譬如紫色之夺朱，郑声之乱雅，更觉光彩艳丽。苟非心灵开霁，天聪明之尽者，无以发其神奸之所由伏也。……自圣学不明，世鲜中行，不狂不狷之习沦浃人之心髓。吾人学圣人者，不从精神命脉寻讨根究，只管取皮毛支节，趋避形迹，免于非刺，以求媚于世，方且傲然自以为是，陷于乡愿之似而不知，其亦可哀也已！（《与梅纯甫问答》）

夫狂者志存尚以，广节而疏目，旨高而韵远，不屑弥缝格套以求容于世。其不掩处虽是狂者之过，亦其心事光明特达，略无回护盖藏之态，可几于道。天下之过，与天下共改之，吾何容心焉。若能克念，则可以进于中行，此孔子所以致思也。(《与阳和张子问答》)

他看世儒依照圣贤榜样、道理格式，专去陪奉旁人颜色行事，完全是一种乡愿学问，所以明显提倡狂者一路以矫其弊。张元益称他道：

宁为阔略不掩之狂士，毋宁为完全无毁之好人；宁为一世之嚚嚚，毋宁一世之翕翕。(《龙谿墓志》引)

唐荆川称他道：

笃于自信，不为形迹之防，包荒为大，无净秽之择。(《明儒学案》引)

这是龙谿的狂者作风。至于心斋，连阳明也觉得他“意气太高，行事太奇”，而加以裁抑，其“狂”更不用说了。然而他们究竟还都是名教中人，没有大越普通儒者的矩矱，没有干脆成为“狂禅”。直到颜何一派，情形便不同了。他们已经真成为“狂禅”，而为李卓吾的先驱了。兹分述其学行大略如后：

（一）颜山农　山农名钧，吉安人。尝师事刘师泉，无所得。乃从徐波石学，得泰州之传。尚游侠，好急人之难。赵大洲赴贬所,山农偕之行。徐波石战死沅江府,山农寻其骸骨归葬。颇欲有为于世,以寄民胞物与之志。然世人见其张皇,无贤不肖皆恶之。以他事下南京狱,必欲杀之。近溪为之营救,不赴廷对者六年。近溪谓周恭节曰:"山农与相处,余三十年,其心髓精微,决难诈饰。不肖敢谓其学直接孔孟,俟诸后圣,断断不惑。不肖菲劣,已蒙门下知遇,又敢窃谓门下,虽知百近溪,不如今日一察山农子也。"山农以戌出,年八十余。

山农之学,大致谓:人心妙万物而不测者也。性如明珠,原无尘染,有何睹闻?着何戒慎?平时只是率性所行,纯任自然,便谓之道。及时有放逸,然后戒慎恐惧以修之。凡儒先见闻,道理格式,皆足以障道。其立说详情现在虽无从考究,但即就此所述大旨看来,已可知山农将传统、道理格套尽与扫除,即戒慎恐惧工夫亦抛置一旁。勇往直前,放手做去。触世纲,犯众怒。其张皇气象,游侠精神,已显然非名教所能羁绊了。

(二)何心隐　心隐本姓梁,名汝元,字夫山,后改姓名为何心隐。吉州永丰人。少补诸生,从学于山农,与闻心斋立本之旨。时吉州三四大老,方以学显,心隐恃其知见,辄狎侮之。谓《大学》先齐家,乃构萃和堂以合族,身理一族之政,冠婚丧祭赋役,一切通其有无,行之有成。会邑令有赋外之征,心隐贻书以诮之。令怒,诬之当道,下狱中。孝感程后台在胡总制幕府,檄江抚出之。总制得心隐,语人曰:"斯人无所用,在左右能令人神王耳。"已同后台入京师,与罗近溪、耿天台游。一日,遇江陵于僧舍。江陵时为司业。心隐率尔曰:"公居太学,知大学道乎?"江陵为勿闻也者,目摄之曰:"尔意时时欲飞,却飞不起也。"江陵去,心隐舍然若丧,曰:"夫夫也,异日必当国,当国必杀我。"心隐在京师,辟各门会馆,招来四方之士。方技杂流,无不从之。是时政由严氏,忠臣坐死者相望,卒莫能动。有蓝道行者,以乩术幸上。心隐授以密计,侦知嵩有揭帖,乩神降语,今日当有一奸臣言事。上方迟之,而嵩揭至,上由此疑嵩。御史邹应龙因论嵩败之。然上犹不忘嵩,寻死道行于狱。心隐踉跄南过金陵,谒何司寇。司寇者,故为江抚,脱心隐于狱者也。然而严党,遂为严氏仇心隐。心隐逸去,从此踪迹不常,所游半天下。江陵当国,御史傅应桢、刘台连疏攻之,皆吉安人也,江陵因仇吉安人。而心隐故尝以术去宰相,江陵不能无心动。心隐方在孝感聚徒讲学,遂令楚抚陈瑞捕之,未获而瑞去。王之垣代之,卒致之。心隐曰:"公安敢杀我?亦安能杀我?杀我者张居正也。"遂死狱中。

心隐之学,不坠影响。有是理则实有是事。无声无臭,事藏于理;有象有形,理显于事。所以他说:

无极者,流之无君父者也,必皇建其有极,乃有君而有父也。必会极,必归极,乃有敬敬以君君也,乃有亲亲以父父也。又必《易》有太极,乃不堕于弑君弑父,乃不流于无君无父,乃乾坤其君臣也,乾坤其父子也。

孔孟之言无欲,非濂溪之言无欲也。欲惟寡则心存,而心不能以无欲也。欲鱼、欲熊掌,欲也;舍鱼而取熊掌,欲之寡也。欲生、欲义,欲也;舍生而取义,欲之寡也。欲仁非欲乎?得仁而不贪,非寡欲乎?从心所欲,非欲乎?欲不逾矩,非寡欲乎?

他反对无极,反对无欲,明白指斥濂溪,打破传统的道学旧套,其骏快处直接近后来的陈乾初、潘用微、颜习斋,然而机权变诈,纵横无碍,为目的不择手段,绝不类普通儒者的面目了。

（三）邓豁渠　豁渠初名鹤,号太湖,蜀之内江人。为诸生时不悦学。赵大洲为诸生谈圣学于东壁,渠为诸生讲举业于西序,朝夕声相闻,未尝过而问焉。已渐有人,卒抠衣为弟子。一旦弃家出游,遍访知学者,以为性命甚重,非拖泥带水可以成就,遂落发为僧。访李中溪元阳于大理,访邹东廓、刘师泉于江右,访王东崖于泰州,访蒋道林于武陵,访耿楚倥于黄安。与大洲不相闻者数十年。大洲起官,过卫辉,渠适在焉,出迎郊外。大洲望见,惊异下车,执手徒行数十里,彼此潸然流涕。大洲曰:"误子者,余也。往余言学过高,致子于此,吾罪业重矣。向以子为死,罪恶莫赎。今尚在,亟归庐尔父墓侧终身可也。吾割田租百石赡子。"因书券给之。时有来大洲问学者,大洲乃令渠答之。大洲听其议论,大恚曰:"吾藉是以试子近诣,乃荒谬至此。"大洲入京,渠复游齐鲁间,初无归志。大洲入相,乃来京候谒。大洲拒不见,属宦蜀者携之归。至涿州,死野寺中。

渠自序为学云:"己亥,礼师,闻良知之学,不解。入青城山参禅十年。至戊申,入鸡足山,悟人情事变外,有个拟议不得妙理。当时不遇明师指点,不能豁然通晓。癸丑,抵天池,礼月泉,陈鸡足所悟。泉曰:'第二机即第一机。'渠遂认现前昭昭灵灵的,百姓日用不知,渠知之也。甲寅,庐山礼性空。戊午,居澧州八年,每觉无日新之益。入黄安,居楚倥茅屋。始达父母未生前的、先天地生的、水穷山尽的、百尺竿头外的,所谓不属有无,不属真妄,不属生灭,不属言语,常住真心,与后天事不相联属。向日鸡足所参人情事变的,豁然通晓。被月泉所误二十余年。丙寅以后,渠之学日渐幽深玄远。如今也没有我,也没有道,泛泛然如虚舟飘瓦而无着落。脱胎换骨,实在于此。"梨洲谓:"渠学之误,只主见性,不拘戒律。先天是先天,后天是后天;第一义是第一义,第二义是第二义。身之与性,截然分为二事。言在世界外,行在世界内。人但议其纵情,不知其所谓先天第一义者,亦只得完一个无字而已。"看豁渠这样行径,真活画出一个"狂禅"样子。本来大洲对于禅学已经直认不讳,然而他却不"狂"。若豁渠则"狂"得连大洲也不能不骂他荒谬了。

(四)管东溟　东溟名志道,字登之,苏之太仓人。江陵秉政,东溟时为刑部主事,上疏条九事,以讦切时政,出为广东佥事。后以老疾致仕。万历三十六年卒,寿七十三岁。

东溟受业于耿天台,著书数十万言,大抵鸠合儒释,浩汗而不可方物。顾泾阳曾与辩难,其往复书牍见于泾阳《证性编》卷五。《明儒学案》撮述其大旨道:

　　……谓:"乾元无首之旨,与《华严》性海浑无差别,易道与天地准,故不期与佛老之祖合而自合。孔教与二教峙,故不期佛老之徒争而自争。教理不得不圆,教体不得不方。以仲尼之圆,圆宋儒之方,而使儒不碍释,释不碍儒。以仲尼之方,方近儒之圆,而使儒不滥释,释不滥儒。唐宋以来,儒者不主孔奴释,则崇释卑孔,皆于乾元性海中自起藩篱。故以乾元统天,一案两破之也。"其为孔子阐幽十事,言:"孔子任文统,不任道统,一也;居臣道,不居师道,二也;删述六经,从游七十二子,非孔子定局,三也;与夷惠易地，则为夷惠，四也；孔子知天命，不专以理，兼通气运，五也；一贯尚属悟门，实之必以行门，六也；敦化通于性海，川流通于行海，七也；孔子曾师老聃，八也；孔子从先进，是黄帝以上，九也；孔子得位，必用桓文做法，十也。"

这些话真算大胆，直可放到清末今文学家启蒙运动者，如康南海、谭浏阳诸人文集中。他打破儒术一尊的局面，极力抬高佛的地位。他把孔子看得很圆活，可以为夷惠，可以为黄老，可以为桓文。道德、刑名、权谋、术数，兼容并包，随机运用，可算是思想一大解放。狂禅派的理论大纲，已具备于此了。

除以上诸人外，尚有方湛一、程后台、钱怀苏等，兹不具述。梨洲总论他们道：

> 龙谿之后，力量无过于龙谿者，又得江右为之救正，故不至十分决裂。泰州之后，其人多能赤手以搏龙蛇。传至颜山农、何心隐一派，遂复非名教之所能羁络矣。顾端文曰："心隐辈坐在利欲胶漆盆中，所以能鼓动得人，只缘他一种聪明，亦自有不可到处。"羲以为非其聪明，正其学术也。所谓祖师禅者，以作用见性。诸公掀翻天地，前不见有古人，后不见有来者。释氏一棒一喝，当机横行，放下拄杖，便如愚人一般。诸公赤身担当，无有放下时节，故其害如是。(《明儒学案》卷三十二)

梨洲把颜、何这般人的学术看作祖师禅一路。关于祖师禅的话，梨洲讲得很多，后面我们还要提到。总而言之，这是一种纵横无碍大活动的禅,也正可说是"狂禅"。这种狂禅运动到李卓吾算是发展到极端了。

李卓吾名贽,泉州晋江人。生于嘉靖六年(1527),卒于万历三十年(1602),寿七十六岁。年十二,试《老农老圃论》,曰:"吾时已知樊迟之问,在荷蓧丈人间。"及长,身七尺,目不苟视。虽至贫,辄时时助朋友之急。读传注,愦愦不省,不能契朱子深心。欲弃置不事,而闲甚,无以消岁月。乃叹曰:"此直戏耳!但剽窃得滥目足矣,主司岂一一能通孔圣精蕴者耶?"既领乡荐,以道远,不再上公车,为共城校官。共城为宋李之才宦游地,有邵康节安乐窝,在苏门山百泉上。卓吾生于泉,泉为温陵禅师福地,故曾自号温陵居士。至是,日遨游百泉之上,曰:"吾泉而生,又泉而官,泉于吾有夙缘矣。"因又自号百泉居士。后官礼部司务,曰:"吾闻京师人士所都,盖将访而学焉。"人曰:"子性太窄,苟闻道,当自宏阔。"卓吾曰:"然。"遂又自命为宏父。初未知学道,或语之曰:"公怖死否?"卓吾曰:"死安得不怖?"曰:"公既怖死,何不学道?学道所以免生死也。"卓吾曰:"有是哉?"遂潜心道妙。久之,有所契,超然于语言文字之表。出为姚安知府,为政举大体,一切持简易,任自然,务以德化,不贾世俗能声。自治清苦,僚属、士民、胥吏、夷酋莫不向化。喜与衲子游,常住伽蓝判事。或坐堂上,置名僧其间,簿书有暇,即与参论玄虚。俸禄之外,了无长物。是时上官严刻,吏民多不安。卓吾曰:"边方杂夷,法难尽执;仕于此者,携家万里而来,动以过失狼狈去,尤不可不念之。但有一长,即为贤者,岂容备责耶?"居三年,以病告,不许。遂入大理之鸡足山,阅藏经,不出。御史刘维奇其节,疏令致仕。初与黄安耿子庸善，既罢郡，不归家，曰："吾老矣。得一二胜友，终日晤言，以遣余日，何必故乡也。"遂客黄安。中年得数男，皆不育。体素羸，澹于声色，恶近妇人，故虽无子，不置婢妾。旋至麻城龙潭湖上，与僧无念、周友山、丘坦之、杨定见聚。闭门下键，日以读书为事。性爱扫地，数人缚帚不给。衿裙浣洗，极其鲜洁；拂身拭面，有同水淫。不喜俗客。不获辞而至，但一交手，即令之远坐，嫌其气味。其欣赏者，镇日言笑；意所不契，寂无一语。滑稽排调，冲口而发，既能解颐，亦可刺骨。所读者皆钞为善本，逐字雠校，肌襞理分，时出新意。其为文，不阡不陌，摅其胸中之独见。亦喜为书，每研墨伸纸，则解衣大叫，得意者瘦劲险绝，骨稜稜纸上。一日，头痒，倦于梳栉，遂剃其发，独存鬓须；去衣冠，即所居为禅院。居常与侍者论出家事曰："世间有三等人宜出家。其一，如庄周、梅福之徒，以生为我梏，形为我辱，智为我毒，灼然见身世如赘瘤，然不得不弃官隐者，一也。其一如严光、阮籍、陈抟、邵雍之徒，苟不得比于傅说之遇高宗，太公之遇文王，管仲之遇桓公，孔明之遇先主，则宁隐勿出，亦其一也。又其一者，陶渊明是也。亦爱富贵，亦苦贫穷。苦贫穷，故以乞食为耻，而曰叩门拙言辞；爱富贵，故求为彭泽令，然无奈其不肯折腰何，是以八十日便赋《归去》也，此又其一也。"侍者进曰："先生于三者何居？"卓吾曰："卓哉庄周、梅福之见，我无是也。待知己之主而后出，必具盖世才，我亦无是也。其陶公乎？夫陶公清风被千古，余何人而敢云庶几焉？然其一念真实，不欲受世间管束，则偶与之同也。"卓吾喜接人，来问学者，无论缁白，披心酬对，风动黄、麻间。时有女人来听法，或言女人见短，不堪学道。卓吾曰："谓人有男女则可，谓见有男女岂可乎？且彼为法来者，男子不如也。"卓吾气概激昂，行复惊众，黄、麻间士大夫皆大噪，诋为左道惑众。因卓吾共彼中士女谈道，刻有《观音问》等书，忌者更以帷箔蜚语，思逐去之。卓吾笑曰："吾左道耶？即加冠可也。"遂服其旧服。于时左辖刘东星迎卓吾武昌，自后屡归屡游。刘晋川迎之泌水，梅中丞迎之云中，焦弱侯迎之秣陵，皆推尊为圣人。无何，复归麻城。又有以蜚语闻当事者。当事者乃逐卓吾而火其兰若。御史马诚所常问卓吾易义，大服，事以师礼，奉之入黄蘗山。壬寅，北游，抵郊外极乐寺，馆于通州诚所家。忽蜚语传京师，谓卓吾著书丑诋四明沈相。沈相恨甚，踪迹无所得。礼垣都谏张诚宇乃疏劾之，遂逮下诏狱。逮者至，邸舍匆匆。卓吾力疾起，行数步，大声曰："是为我也。为我取门片来。"遂卧其上，疾呼曰："我罪人也，不宜留。"诚所愿从，曰："朝廷以先生为妖人，我藏妖人者，死则俱死耳，终不令先生往而己独留。"卒同行。明日，大金吾寘讯，侍者掖而入，卧于阶上。金吾曰："若何以妄著书？"卓吾曰："罪人著书甚多，具在，于圣教有益无损。"大金吾笑其倔强。狱竟，无所寘辞，大略止回籍耳。久之，旨未下。卓吾于狱中作诗读书自如，当事亦未必遽欲之死也。一日，呼侍者剃发，遂持刀自割其喉，气不绝者两日，侍者问："和尚痛否？"以指书其手曰："不痛。"又曰："和尚何自割？"书曰："七十老翁何所求？"遂绝。诚以事缓，归觐其父。至是，闻而伤之曰："吾护持不谨，以致于斯也。"乃葬其骸于通州北门外，为之大治冢墓，营佛刹焉。

卓吾所著有《焚书》、《藏书》、《说书》、《九正易因》等书。其学不守绳墨，出入儒佛之间，而大旨渊于姚江。他自称"不曾

四拜受业一个人以为师",而对于王学左派诸人备致推崇。尤其倾倒的是龙谿,其次则近溪。僧深有述他道:

> 忆公告某曰:"我于南都,得见王先生者再,罗先生者一。及入滇,复于龙里得再见罗先生焉。"然此丁丑以前事也。自后无岁不读二先生之书,无日不谈二先生之学。使某听之,亲切而有味,详明而不可厌。使有善书者执管侍侧,当疾呼手腕脱矣,当不止十纸百纸,虽千纸且有余矣。(《罗近溪先生告文》)

卓吾于龙谿、近溪,这样的津津乐道,惟恐不得尽传其秘旨。在这篇告罗先生文中,表示满腔向往的热诚,说得娓娓动人。他称龙谿道:

> 圣代儒宗,人天法眼。白玉无瑕,黄金百炼。……虽生也晚,居非近,其所为凝眸而注神,倾心而悚听者,独先生而已。……我思古人,实未有如先生者也。(《王龙谿先生告文》)
>
> 先生此书,前无往古,今无将来,后有学者,可以无复著书矣。(《龙谿先生文录抄序》)
>
> 龙谿先生全刻,千万记心遗我……世间讲学诸书,明快透髓,自古及今,未有如龙谿先生者。……盖《近溪语录》,须领悟者乃能观于言语之外,不然反加绳束。非如王先生字字皆解脱门,既得者读之足以印心,未得者读之足以证入也。(《复焦弱侯》)

这真是心悦诚服,倾佩到极点,其所以未得列入龙谿门下者,只差一拜耳。他称泰州学派道:

> 当时阳明先生门徒遍天下,独有心斋为最英灵。心斋本一灶丁也,目不识丁。闻人读书,便自悟性。迳往江西见王都堂,欲与之辩质所悟,此尚以朋友往也。后自知其不如,乃从而受业焉。故心斋亦得闻圣人之道。此其气骨为何如者!心斋之后为徐波石,为颜山农。山农以布衣讲学,雄视一世而遭横死;波石以布政使请兵督战而死广南。云龙风虎,然哉!盖心斋真英雄,故其徒亦英雄也。波石之后为赵大洲,大洲之后为邓豁渠;山农之后为罗近溪,为何心隐,心隐之后为钱怀苏,为程后台,一代高似一代。所谓大海不宿死尸,龙门不点破额,岂不信乎!心隐以布衣出头倡道而遭横死。近溪虽得免于难,然亦幸耳,卒以一官不见容于张太岳。盖英雄之士,不可免于世,而可以进于道。(《为黄安上人大孝文一首》)

泰州派下这一大批人物,在普通儒者眼中简直是一群怪物,而卓吾却极口称赞他们是英雄,把他们写得生龙活虎一般。他有一篇《何心隐论》,称心隐为"上九之大人",极力替他申冤道:

> 今观其时,武昌上下,人几数万,无一人识公者,无不知公之为冤也。方其揭榜通衢,列公罪状,聚而观者,咸指其诬,至有嘘呼叱咤不欲观焉者,则当日之人心可知矣。由祁门而江西,又由江西而南安,而湖广,沿途三千余里,

其不识公之面而知公之心者，三千余里皆然也。非惟得罪于张相者，有所憾于张相而云然，虽其深相信以为大有功于社稷者，亦犹然以此举为非是，而咸谓杀公以媚张相者之为非人也。则斯道之在人心，真如日月星辰之不可盖覆矣。

读此段可以想见何心隐一流人在当时声势之大，影响之深。卓吾学风和心隐很相近，对于他尤其是深表同情，故为之扼腕太息如此。气求声应，从卓吾上面许多言论看来，可知其与王学左派关系之深了。

卓吾思想最狂放，最敢发惊人的议论，如云：

> 成大功者必不顾后患，故功无不成。商君之于秦，吴起之于楚是矣。而儒者皆欲之，不知天下之大功，果可以顾后患之心成之乎否也，吾不得而知也。顾后患者必不肯成天下之大功，庄周之徒是已。是以宁为曳尾之龟，而不肯受千金之币；宁为濠上之乐，而不肯任楚国之忧。而儒者皆欲之，于是乎又有居朝廷则忧其民，处江湖则忧其君之论。不知天下果有两头马乎否也，吾又不得而知也。墨子之学术贵俭，虽天下以我为不拔一毛不恤也。商子之学术贵法，申子之学术贵术，韩非子之学兼贵法术，虽天下以我为残忍刻薄不恤也。曲逆之学术贵诈，仪秦之学术贵纵横，虽天下以我为反覆不信不恤也。不惮五就之劳，以成夏殷之绩，虽天下后世以我为事两主而兼利，割烹要而试功，立太甲而复反可也。此又伊尹之学术以任，而直谓之

能忍诟焉者也。以至谯周、冯道诸老，宁受祭器归晋之谤，历事五季之耻，而不忍无辜之民日遭涂炭。要皆有一定之学术，非苟苟者。各周于用，总足办事。彼区区者欲选择其名实俱利者而兼之，得乎？此无他，名教累之也。以故瞻前虑后，左顾右盼。自己既无一定之学术，他日又安有必成之事功耶？而又好说"时中"之语以自文，又况依仿陈言，规迹往事，不敢出半步者哉！（《孔明为后主写申韩管子六韬》）

他竟敢说名教累人，竟敢贬斥儒家而推奖诸子，甚至连谯周、冯道，万世唾骂为无耻，老奸巨猾，他也竟替他们洗刷，表章他们救民的苦心。他在《藏书》中，还称他们为"吏隐"。这真是不"以孔子之是非为是非"，一翻千古成案，可谓大胆已极。他又骂儒生道：

儒臣虽名为学，而实不知学。往往学步失故，践迹而不造其域，其实不可以治天下国家。自儒者以文学名为"儒"，故用武者遂以不文名为"武"，而文武从此分。夫圣王之士也，居为后先疏附，出为奔走御侮，曷有二也？惟夫子自以"尝学俎豆不闻军旅"辞卫灵，遂为邯郸之妇所证据，千万世之儒皆为妇人矣，可不悲乎？使曾子、有子若在，必知夫子此语即"速贫速朽"之语，非定论也。呜呼！托名为儒，求治而反以乱，而使世之真才实学，大贤上圣，皆终身空室蓬户已也，则儒者之不可以治天下国家信矣。（《藏书·纪传总目后论略》）

他反对儒生,只因他们没有用。他所要的是真才实学。只要有真才实学,黄老也可,申韩也可,苏张也可,孙吴也可,他们总都各有其用,不像"两头马"的儒家,欺世盗名,空谈无补。他有时候太忿激了,简直称赞起盗贼。《焚书》中有一篇因记往事,借一个大盗林道乾大发议论道:

夫道乾横行海上三十余年矣。自浙江、南直隶以及广东、福建数省近海之处,皆号称财赋之产,人物陬区者,连年遭其荼毒。攻城陷邑,杀戮官吏,朝廷为之盱食。除正刑、都总统诸文武大吏外,其发遣囚系,逮至道路而死者,又不知其几也,而林道乾固横行自若也。今幸圣明在上,刑罚得中,倭夷远遁,民人安枕,然道乾犹然无恙如故矣。称王称霸,众愿归之,不肯背离。其才识过人,胆气压乎群类,不言可知也。设使以林道乾当郡守二千石之任,则虽海上再出一林道乾,亦决不敢肆。设以李卓老权替海上之林道乾,吾知此为郡守林道乾者,可不数日而即擒杀李卓老,不用损一兵费一矢为也。又使卓老为郡守时,正当林道乾横行无当之日,国家能保卓老决能以计诛擒林道乾,以扫清海上数十年之逋寇乎?此皆事之可见者,何可不自量也。嗟乎!平居无事,只解打恭作揖,终日匡坐,同于泥塑,以为杂念不起,便是真实大圣大贤人矣。其稍学奸诈者,又挽入良知讲席,以阴博高官,一旦有警,则面面相觑,绝无人色,甚至互相推诿,以为能明哲。盖因国家专用此等辈,故临时无人可用。又弃置此等辈有才有胆有识者而不录,又从而弥缝禁锢之,以为必乱天下,则虽欲不作贼,其势自不可耳。设国家能用之为郡守令尹，又何止足当胜兵三十万人已耶？又设用之为虎臣武将，则阃外之事，可得专之，朝廷自然无四顾之忧矣。惟举世颠倒，故使豪杰抱不平之恨，英雄怀困措之戚，直驱之使为盗也。

他极口称赞林道乾，以为胜过自己万万。他以为这等人有真本领，是真人才，而深惜国家不能收用，以致流为盗贼。他骂一般士大夫只会作揖打恭，骗取禄位，一点事情担当不了。他喜欢的是英雄豪杰，而不是木偶般的道学先生。他取人很宽，绝不拘定一途。他尊重邓豁渠，同时却也尊重赵大洲；他尊重何心隐，同时却也尊重张江陵。他说：

> 吾谓赵老真圣人也，渠当终身依归，而奈何其遽舍之而远去耶！然要之各从所好，不可以我之意而必渠之同此意也。(《复邓石阳》)
>
> 如其迹，则渠老之不同于大老，亦犹大老之不同于心老，心老之不同于阳明老也。若其人，则安有数老之别哉！(《又答石阳太守》)

豁渠和大洲，如上文所述，分明是两样行径。此是则彼非，此非则彼是，似乎不能并立。但卓吾两称之，以为尽不妨各从所好，后贤与前贤，弟子与师，是不必相袭的。这样论人已经是很宽大，很活动，不像一般道学家把世界上人都要限定在一条路上。尤其可以注意的是他称赞张江陵。江陵杀何心隐，本是他极痛心的事情，他所以和耿天台弄到绝交者，其根源实由于此。然而他对于江陵却极尊重。他说：

> 何公布衣之杰也，故有杀身之祸；江陵宰相之杰也，故有身后之辱。不论其败而论其成，不追其迹而原其心，不责其过而赏其功，则二老者皆吾师也。非与世之局琐取容，埋头顾影，窃取圣人之名，以自盖其贪位固宠之私者比也。(《答邓明府》)

江陵和心隐，都非俗流，都是豪杰，都可以奉为师表。江陵虽反对讲学，但其伟大不可及处不容因此而埋没，并且世俗一班讲学家也真太不成样子。关于心隐之死，卓吾颇为江陵出脱。他骂那班杀心隐以媚江陵者为非人，但那自是一班小人干的勾当；至于江陵本人，根本没有把心隐放在眼里，何尝必欲杀他呢？冤心隐而不恨江陵，公是公非，公好公恶，卓吾这种见识度量，殊非一般讲学家所能及。他对于江陵向慕不已。如云：

> 些小变态，便仓惶失措。今日真令人益思张江陵也。(《答陆思山》)
>
> 今惟无江陵其人，故西夏叛卒，至今负固。(《与友山》)
>
> 此语只可对死江陵与活温陵道耳。(同上)

他竟然要拉江陵为同志了。江陵曾说何心隐"尔意时时欲飞"，看卓吾这种张皇亢奋跃跃欲试的神情，亦正好以此语赠之。他很崇拜事功，所以称赞江陵，称赞管仲，斥董仲舒为章句腐儒，而反对其"正谊不谋利，明道不计功"之说。他昌言道：

天下曷尝有不计功谋利之人哉？若不是真实知其有利益于我，可以成吾之大功，则乌用正义明道为耶？（《贾谊》）

这是多么明白干脆的功利主义！然而尚不止此，他还大谈术数呢。他说：

　　汉文有汉文之术数也，汉高有汉高之术数也，二五帝伯又自有二五帝伯之术数也。以至六家九流，凡有所挟以成大功者，未尝不皆有真实一定之术数。惟儒者不知，故不可以语治。（《晁错》）

卓吾、心隐这一流人，常被后儒骂为狂禅派。禅而大谈功利，大谈术数，好像是很奇怪的。但是我们须知禅也不止一种，他们所得力的不是枯槁寂灭的禅，而是大活动的禅；也就如梨洲所说，不是如来禅，而是祖师禅。当时儒释疆界，已被冲破，王学左派诸人，多走向祖师禅一路。如管东溟混合三教，汗漫不可方物，而却云："孔子得位，必用桓文做法。"从释老到杂霸，和卓吾所走正是一样路径。他们都是狂放不羁的人物。什么正学，什么异端，根本没有放在他们眼里。掀翻天地，当机横行。金银铜铁，揽成一团。这班人是不能以寻常尺度相绳的。卓吾《焚书·豫约篇》有"感慨平生"一条，缕缕自述其生平遭际，只因"不受管束"之故，碰了许多钉子：

　　……余惟以不受管束之故，受尽磨难，一生坎坷，将大地为墨难尽写也。为县博士，即与县令、提学触；为太学博士，即与祭酒、司业触。如秦，如陈，如潘，如吕，不一而足矣。司礼曹务，即与高尚书、殷尚书、王侍郎、万侍郎尽触也。……最苦者，为员外郎不得尚书谢、大理卿董并汪意。谢无足言矣。汪与董皆正人，不宜与余抵。然彼二人者，皆急功名。清白未能过人，而自贤则十倍矣，余安得免触耶？又最苦而遇尚书赵。赵于道学有名，孰知道学益有名，而我之触益甚也？最后为郡守，即与巡抚王触，与守道骆触……

最后他落发出家了。然而就只为这落发一事又引起许多麻烦。这段文章写得委委曲曲，凄恻动人，最足表现他爱好自由、冲抉世网的精神，以文繁姑不具录。因为这种极端自由主义，极端发展个性主义，曾闹出一场笑话：

> 常志者，乃赵瀺阳门下一书史。后出家，礼无念为师。龙湖卓吾悦其善书，以为侍者，常称其有志，数加赞叹鼓舞之，使抄《水浒传》。每见龙湖称说《水浒》诸人为豪杰，且以鲁智深为真修行，而笑不吃狗肉的诸长老为迂腐，一一作宝法会。初尚悄悄不觉。久之，与其侪伍有小忿，遂欲放火烧屋。龙湖闻之大骇，微数之，即叹曰："李老子不如五台山智证长老远矣。智证长老能容鲁智深，老子独不能容我乎？"时时欲学智深行径。龙湖性褊多嗔，见其如此，恨甚。乃令人往麻城招杨凤里至右辖处，乞一邮符，押送之归湖上。道中见邮卒牵马少迟，怒目大骂曰："汝有

几颗头？"其可笑如此。后龙湖恶之甚，遂不能安于湖上，北走长安，竟流落不振以死。痴人前不得说梦，此其一征也。（《袁小修日记》）

卓吾借《水浒》说法，特别赞扬鲁智深。这是当然的，鲁智深恰好是一个"狂禅"的标本。谁知那位侍者受卓吾薰染了，真要学鲁智深了，这却使卓老也受不住了。主仆二人，狂态可掬。当时崇拜卓吾的，直把他当成圣人；反对卓吾的，却又把他看成洪水猛兽。总而言之，他不是个寻常人，他对于当时思想界有广泛而深刻的影响。邹颖泉《语录》载：

> 李卓吾倡为异说，破除名行，楚人从者甚众，风习为之一变。刘元卿问于先生曰："何近日从卓吾者之多也？"曰："人心谁不欲为圣贤，顾无奈圣贤碍手耳。今渠谓酒色财气，一切不碍菩提路。有此便宜事，谁不从之？"

这种批评虽说不一定全合真情，但卓吾这班狂禅派确乎是大开方便之门，绝不是循规蹈矩的。他们也确乎是把圣人这个名字便宜出卖，如罗近溪称颜山农为圣人，杨复所称罗近溪为圣人，卓吾称赵大洲为圣人，焦弱侯亦称卓吾"可坐圣人第二席"，真可谓"满街都是圣人"了。这种狂禅潮流影响一般文人，如公安派、竟陵派以至明清间许多名士才子，都走这一路，在文学史上形成一个特殊时代。他们都尊重个性，喜欢狂放，带浪漫色彩。他们都津津乐道卓吾和左派王学家的故事。如袁伯修述：

前辈为余言：阳明接人，每遇根性软弱者，则令其诣湛甘泉受学。甘泉自负阳明推己，欢然相得。其实阳明汰去砂砾，真寻真金耳。于时王龙谿妙年任侠，日日在酒肆博场中，阳明亟欲一会，不来也。阳明却日令门弟子六博投壶，歌呼饮酒。久之，密遣一弟子瞰龙谿所至酒家，与共赌。龙谿笑曰："腐儒亦能博乎？"曰："吾师门下，日日如此。"龙谿乃惊，求见阳明。一睹眉宇，便称弟子矣。(《白苏斋类集》卷二十二)

这段故事，《明儒学案》卷十九《魏良器传》中亦曾讲到，并没有特别奇异地方。可是一到这位公安派文学家笔下，就全成一片禅机。这样讲法，实在使王学另变一副面目，把王学完全狂禅化了。

第四章　异军特起的张居正

正当王门后裔各树旗帜纷纷讲学时候,出来一位特异人物张居正。张居正是一位大政治家,这是谁都知道的。可是我们还应该知道,他的政治建树实以学术为根柢,在思想史上我们不能不给他一个特殊地位。

张居正字叔大,号太岳,谥文忠,江陵人。生于嘉靖四年(1525),卒于万历十年(1582),寿五十八岁。年二十三成进士,在翰林者七年,归田修养者六年。三十六岁复出,历任右春坊右中允、国子监司业、右谕德兼太子讲读、翰林院学士等官。四十二岁,初入内阁,兼掌部事,先后与徐阶、高拱、李春芳等共同辅佐穆宗者六年。神宗即位以后,进为首辅,独掌政权者十年。其为政,综核名实,信赏必罚,一时内安外攘,号称富强。自从梁任公将他列为中国六大政治家之一,近年来论述他的很多,但大概都是关于政治方面。兹专就其学术思想谈一谈。

本来江陵并不讲学,甚至毁书院,杀何心隐,和当时讲学家正立在敌对地位,所以他被人指为"不悦学",而向来讲明代学术的也提不到他。但是实际上他自有一套学术。请看他说:

今人妄谓孤不喜讲学者,实为大诬。孤今所以上佐明主者,何有一语一事背于尧舜周孔之道?但孤所为,皆欲身体力行,以是虚谈者无容耳。(《答宪长周友山讲学》)

夫学乃吾人本分内事,不可须臾离者。言喜道学者妄也,言不喜者亦妄也,于中横计去取,言不宜有不喜道学者之名,又妄之妄也。以指喻指之非指,不若以非指喻指之非指也;以马喻马之非马,不若以非马喻马之非马也。言不宜不喜道学之为学,不若离是非,绝取舍,而直认本真之为学也。孔子自言人不如己之好学。三千之徒,日闻其论说,而独以好学归之颜子。今不穀亦妄自称曰:"凡今之人,不如正之实好学者矣。"(《答宪长周友山讲学》)

人家说他不喜讲学,他认为诬罔,他偏说自己是"实好学",是"直认本真",不过不像那班讲学家的"虚谈"罢了。他对于那班讲学家的批评,他自己对于学术上的根本见解,大致见于《答南司成屠平石论为学》那封信。他说:

夫昔之为同志者,仆亦尝周旋其间,听其议论矣。然窥其微处,则皆以聚党贾誉,行径捷举。所称道德之说,虚而无当。庄子所谓其嗌言者若哇,佛氏所谓虾蟆禅耳。而其徒侣众盛,异趋为事。大者摇撼朝廷,爽乱名实;小者匿蔽丑秽,趋利逃名。嘉隆之间,深被其祸,今犹未殄。此主持世教者所深忧也。记曰:"凡学,官先事,士先志。"士君子未遇时,则相与讲明所以修己治人者,以需他日之用。及其服官有事,即以其事为学,兢兢然求所以称职免咎者,以共上之命。未有舍其本事,而别开一门以为学者也。孔子周行不遇,不得所谓事与职者而行之,故与七十子之徒切磋讲究。其持论立言,亦各随根器,循循善诱。固未尝专揭一语,如近时所谓话头者,概施之也。告鲁哀公曰:"政在节财。"齐景公曰:"君臣父子。"在卫曰:"正名。"在楚曰:"近悦远来。"亦未尝独揭一语,不度其势之所宜者而强聒之也。究观其经纶大略,则惟宪章文武,志复东周。以生今反古为戒,以为下不倍为准。老不行其道,犹取鲁史以存周礼。故曰:"吾志在《春秋》。"其志何志也?志在从周而已。《春秋》所载,皆《周官》之典也。夫孔子殷人也,岂不欲行殷礼哉?《周官》之法岂尽度越前代而不可易者哉?生周之世,为周之臣,不敢倍也。假令孔子生今之时,为国子司成,则必遵奉我圣祖学规以教胄而不敢失坠;为提学宪臣,则必遵奉皇上敕谕以造士而不敢失坠。必不舍其本业而别开一门,以自蹈于反古之罪也。今世谈学者,皆言遵孔氏,乃不务孔氏之所以治世立教者,而甘蹈于反古之罪,是尚谓能学孔矣乎?明兴二百余年,名卿硕辅,勋业煊赫者,大抵皆直躬劲节、寡言慎行、奉公守法之人。而讲学者每诋之曰:彼虽有所建立,然不知学皆气质用事耳。而近时所谓知学,为世所宗仰者,考其所树立,又远出于所诋之下。将令后生小子何所师法耶?此仆所未解也。仆愿今之学者，以足踏实地为功，以崇尚本质为行，以遵守成宪为准，以诚心顺上为忠。兔鱼未获，无舍筌蹄；家当未完，毋撤藩卫。毋以前辈为不足学而轻事诋毁，毋相与造为虚谈，逞其胸臆，以挠上之法也。

他痛斥那班讲学家的流毒，骂他们为"虾蟆禅"。他教人就在自己职守以内去学，而不要"舍其本事，别开一门以为学"。他教人"足踏实地"，"崇尚本质"，"遵守成宪"，"诚心顺上"。真可谓卑之无甚高论，然而他却认为虽孔子复生也必须如此立教。他对于孔子另有一种看法，单从"生今反古"、"为下不倍"上发出一套大议论，简直和韩非、李斯"以法为教，以吏为师"的主张有些相类了。他这套议论很得意，在别处也时常提到。如《答楚学道金省吾论学政》，就和这段文字差不多。尤其是在《辛未会试程策》中，大发"法后王"之义，议论特别精彩，态度特别鲜明。其大旨谓：

> 夫法制无常，近民为要。古今异势，便俗为宜。……时宜之，民安之，虽庸众之所建立，不可废也。戾于时，拂于民，虽圣哲之所创造，可无从也。后王之法，其民之耳而目之也久矣。久则有司之籍详，而众人之智熟。道之而易从，令之而易喻。故曰法后王便也。往代无论已。明兴，高皇帝神圣统天，经纬往制。博稽逖采，靡善弗登。若六卿仿夏，公孤绍周，型汉祖之规模，宪唐宗之律令，仪有宋之家法，采胜国之历元。而随时制宜，因民立政，取之近代者十九，稽之往古者十一。又非徒然也。即如算商贾，

置监官,则桑孔之遗意也;论停解,制年格,则崔亮之选除也;两税三限,则杨炎之田赋也;保甲户马,经义取士,则安石之新法也。诸如此类,未可悉数,固前代所谓陋习弊政也,而今皆用之,反以收富强之效,而建升平之业。故善用之,则庸众之法可使与圣哲同功,而况出于圣哲者乎?故善法后王者,莫如高皇帝矣。……夫汉宣帝综核之主也。然考其当时所行,则固未尝新一令,创一制,惟日取其祖宗之法修饬而振举之,如曰汉家自有制度耳。且其所任魏相,最为称上意者,亦未尝以己意有所论建,惟条奏汉家故事,及名臣贾谊、晁错等言耳。当其时,虽五日一视事,而上下相维,无苟且之意,吏不奉宣诏书则有责,上计簿徒具文则有责,三公不察吏治则有责。其所以振刷综理者,皆未尝稍越于旧法之外。惟其实事求是而不采虚声,信赏必罚而真伪无眩,是以当时吏称其职,民安其业,政事、文学、法理之士成精其能,下至技巧工匠,后世鲜及。故崔实称其优于孝文,而仲长统极其叹服,荀悦论美元帝,而李德裕深以为非,良不诬矣。……成宪具存,旧章森列,相与实图之而已。无不事事,无泰多事。祛积习以作颓靡,振纪纲以正风俗,省议论以定国是,核名实以行赏罚,则法行如流,而事功辐辏矣。若曰:此汉事耳,吾且为唐虞,为三代,则荀卿所谓俗儒也。

他断然主张法后王,指斥那班高谈唐虞三代者为俗儒。他对于秦汉以后的制度,尤其是他本朝的制度,极力表章。他极口称赞王霸杂用,谓汉家自有法度的汉宣帝。他说明朝制度,"取之

近代者十九,稽之往古者十一"。这种鲜明的贵今主义,比陈同甫、叶水心辈所论还要痛快得多。他甚至说:

> 三代至秦,浑沌之再辟者也。其创制立法,至今守之以为利,史称其得圣人之威。使始皇有贤子,守其法而益振之,积至数十年,继宗世族,荑夷已尽。老师宿儒,闻见悉去。民之复起者,皆改心易虑,以听上之令。虽有刘、项百辈,何能为哉?惜乎,扶苏仁懦,胡亥稚蒙,奸宄内发,六国余孽尚存,因天下之怨,而以秦为招,再传而促,此始皇之不幸也。假令扶苏不死继立,必取始皇之法纷更之,以求复三代之旧。至于国势微弱,强宗复起,亦必乱亡。后世儒者徒见扶苏之谏焚书坑儒,遂以为贤,而不知乱秦者,扶苏也。(《杂著》)

这是何等大胆的翻案文章!他确乎有一种真知灼见,所以才能发出这样卓绝千古的议论。这些地方自然带些霸气,很接近申、韩。然而霸道本是他不讳言的。如云:

> 忆昔仆初入政府,欲举行一二事。吴旺湖与人言曰:"吾辈谓张公柄用,当行帝王之道。今观其议论,不过富国强兵而已,殊使人失望。"仆闻而笑曰:"旺湖过誉我矣。吾安能使国富兵强哉?"孔子论政,开口便说:"足食足兵。"舜命十二牧曰:"食哉惟时。"周公立政,"其克诘尔戎兵"。何尝不欲国之富且强哉?后世学术不明,高谈无实。剽窃仁义,谓之王道。才涉富强,便云霸术。不知王

霸之辨,义利之间,在心不在迹。奚必仁义之为王,富强之
为霸也？仆自秉政以来,除密勿敷陈,培养冲德外,其播之
政令者,实不外此二事。今已七八年矣,而闾里愁叹之声
尚犹未息,仓卒意外之变尚或难支,焉在其为富且强哉?

（《答福建巡抚耿楚统谈王霸之辨》）

综观江陵生平言行,尊主威,振纪纲,明赏罚,核名实,讲富强,
重近代,孤立一身,任劳任怨,纯是法家路数。在他的文章中,
有许多地方绝类商鞅、韩非的口吻,甚至明白袭用《韩非子》中
的成语,如："小仁,大仁之贼也","夫婴儿不剃首则腹痛,不刺
痤则寝疾,而慈母之于爱子,必剃且揊之者,忍于其所小苦,而
成其所大快也"……由此可知其所受法家影响之深。抱这样
思想,他当然不讳言霸道。陆象山有言:"商鞅是脚踏实地,他
亦不问王霸,只要事成。介甫慕唐虞三代之名,不曾踏得实处,
所以弄得王不成,霸不成。"从这一点上说,江陵倒是很近乎商
鞅,比荆公爽快多了。

第五章　东林派与王学修正运动

明代思想解放的潮流,从白沙发端,及阳明而大盛,到狂禅派而发展到极端。于是乎引起各方面的反对,有的专攻击狂禅派或王学左派,有的竟直接牵涉到阳明,这里面最有力量能形成一个广大潮流的,要推东林派。此派以学术影响政治,在晚明历史上放过极大的光辉。其代表人物为顾泾阳与高景逸,而泾阳之弟泾凡亦其卓卓者,兹分述其讲学大旨如后:

顾宪成字叔时,别号泾阳,无锡人。生于嘉靖二十九年(1550),卒于万历四十年(1612),寿六十三岁。历仕至文选司郎中,因忤时相王锡爵,削籍归。乃兴复东林书院,大会四方之士,讲学其中,尝言:"官辇毂,念头不在君父上;官封疆,念头不在百姓上;至于水间林下,三三两两,相与讲求性命,切磨德义,念头不在世道上,即有他美,君子不齿也。"故会中多裁量人物,訾议国政。天下君子以清议归于东林,而庙堂亦有所畏忌。后复起，为南京光禄少卿，乞致仕，党祸作，泾阳久已死，乃追夺其官。崇祯间，赠吏部右侍郎，谥端文。

泾阳少问学于薛方山，固亦王门后裔。但因目击王学末流之弊，遂昌言排之。其攻击目标，集中于"无善无恶"四字。如云：

> 管东溟曰："凡说之不正而久流于世者，必其投小人之私心，而又可以附于君子之大道者也。"愚窃谓"无善无恶"四字当之。何者？见以为心之本体原是"无善无恶"也，合下便成一个"空"。见以为"无善无恶"，只是心之不着于有也，究竟且成一个"混"。"空"则一切解脱，无复挂碍，高明者入而悦之，于是将有如所云：以仁义为桎梏，以礼法为土苴，以日用为缘尘，以操持为把捉，以随事省察为逐境，以讼悔迁改为轮回，以下学上达为落阶级，以砥节砺行为意气用事者矣。"混"则一切含糊，无复拣择，圆融者便而趋之，于是将有如所云：以任情为率性，以随俗袭非为中庸，以阉然媚世为万物一体，以枉寻直尺为舍其身济天下，以委曲迁就为无可无不可，以猖狂无忌为不好名，以临难苟安为圣人无死地，以顽钝无耻为不动心者矣。由前之说，何善非恶；由后之说，何恶非善。是故欲就而诘之，彼其所占之地步甚高，上之可以附君子之大道。欲置而不问，彼其所握之机械甚活，下之可以投小人之私心。即孔孟复作，其亦奈之何哉！此之谓以学术杀天下万世。（《小心斋札记》卷十八）

"无善无恶"四字，最险最巧。君子一生，兢兢业业，择善固执,只着此四字,便枉为了君子;小人一生,猖狂放肆,纵意妄行,只着此四字,便乐得做小人。语云:"埋藏君子,出脱小人。"此八字乃"无善无恶"四字膏肓之病也。(《还经录》)

这两段话推究"无善无恶"四字的极弊,穷形尽相,深恶痛绝,句句是针对左派王学而发。本来这四个字出自阳明,但阳明并没有多讲过。至左派诸人,才标此四字为宗旨,大加发挥。如周海门在南都讲会中,就拈出《天泉证道纪》作题目。当时许敬庵谓"无善无恶"不可以为宗,故作《九谛》以难之,海门乃作《九解》以伸其说,双方针锋相对,实为当时思想界一大公案。至泾阳所斥种种弊病,大概也都是当时的实况。综括来说,不外乎猖狂无忌、破坏名教而已。从"无善无恶"到猖狂无忌、破坏名教,本也是很自然的趋势。左派诸人如颜山农、何心隐以至李卓吾等,不都可说是无忌惮而出乎名教外么? 泾阳明白说道:

东坡讥伊川曰:"何时打破这敬字?"愚谓近世如王泰州座下颜何一派,直打破这敬字矣。(《小心斋札记》卷九)

打破敬字,就是说他们猖狂无忌。泾阳又明斥龙谿道:

详释龙谿之旨,总是要人断名根。这原是吾人立脚第一义。"人不知而不愠","遁世不见知而不悔",圣人已如此说了,却何等说得正当。龙谿乃曰:"打破毁誉关,即被恶名埋没一世,不得出头,亦无分毫挂带。"则险矣。这便是为无忌惮之中庸立了一个赤帜。王塘南比诸洪水猛兽，有以也。且人不特患有名根，又患有利根。……若利根不断，漫说要断名根，吾恐名根愈死，则利根愈活，个中包裹藏伏有不可胜言者。季时尝言："'不好名'三字是姿情纵欲的引子。"良可味也。(《南岳商语》)

东林派以名节相砥砺，所以对于"不好名"、"打破毁誉关"一类口号，直看作洪水猛兽。本来左派诸人都是敢作敢为的，他们有时候为目的不择手段，大刀阔斧，横劈将去，些少受一点血腥污染，他们是满不在乎的。他们都好讲"万物一体"，不屑做洁身自好的儒生，而要做舍身救世的英雄好汉。为着"一体不容已之情"，他们把身体、名誉乃至节操都可牺牲，罗近溪为帮助一妇人救其丈夫而不惜行贿，康德涵失身刘瑾之门以救知己，而李卓吾称之。他们只知发挥其"一体不容已之情"，什么世俗的礼义节行都在所不顾了。所以泾阳说：

> 程伯子曰："仁者浑然与物同体。"只此一语已尽，何以又云"义礼智信皆仁"也？始颇疑其为赘。及观世之号识仁者，往往务为圆融活泼，以外媚流俗而内济其私，甚而蔑弃廉耻，决裂绳墨，闪烁回互，诳己诳人，曾不省义礼智信为何物，犹偃然自命曰仁也，然后知伯子之意远矣。(《小心斋札记》卷一)

又引吴悟斋指斥龙谿的话道：

诚恐此老不察……不复向羞恶辞让是非用一针，即所谓恻隐者未免认贼作子，将一传而此学为世戒。（同上）

浑然一体之中，而义礼智信皆具。离开义礼智信而专讲仁，则仁亦不成其为仁了。孟子不肯再请发棠以救饥民，而说那是冯妇的行径，"众皆悦之，其为士者笑之"。又说："今有同室之人斗者，救之，虽被发缨冠而往救之可也。乡邻有斗者，被发缨冠而往救之则惑也，虽闭户可也。"这是儒家的正宗思想。若龙谿诸人却不管这些。他们不论斗者是同室，或乡邻，都要被发缨冠而往救之，决不肯闭户。他们不管什么冯妇不冯妇，为士者笑不笑，只要能救了饥民，虽三请五请十请八请，"强聒不舍"，"上下见厌"，都可以的。他们不怕负"污辱之名，见笑之行"，他们尽可以"从井救人"。他们这种行径，不合于"儒"，而倒近于"侠"。"侠"是不能循规蹈矩的，并且有时候是干犯名教的。他们的道德伦理观念，根本另是一路。有人论何心隐道：

人伦有五，公舍其四，而独置身于师友贤圣之间，则偏枯不可以为训。（李卓吾《焚书·何心隐论》）

心隐既不做官，而又离开家庭，终年求师访友，漂泊在外，这便是舍了君臣、父子、兄弟、夫妇四伦而独留朋友一伦。其实不止心隐如此，左派诸人自龙谿、心斋以下几乎都是这样。特别是邓豁渠、李卓吾，他们干脆出家了。卓吾说：

非但释迦，即孔子亦然。孔子之于鲤，死也久矣，是孔子未尝为子牵也。鲤未死而鲤之母已卒，是孔子未尝为妻系也。三桓荐之，而孔子不仕，非人不用孔子，孔子自不欲用也。视富贵如浮云，惟与三千七十，游行四方，西至晋，南至楚，日夜皇皇，以求出世知己。是虽名为在家，实终身出家者矣。故予谓释迦佛辞家出家者也，孔夫子在家出家者也。(《书黄安二上人手册》)

他竟然把孔子当作出家人，周游列国，乃是求出世知己，这是何等大胆的怪论。中国社会向来以家族制度或宗法制度为一切伦理道德的中心，一出家便把所有传统的纲常名教都抛弃了。佛教在中国所以始终被一般士大夫斥为异端者，其主因即由于此。但左派诸人是不拘守儒家门户的，是不顾士大夫体貌规格的，他们冲破宗法制度的藩篱，作一个江湖侠客，游方道人，急急皇皇，以朋友为性命。何心隐死，至开程后台之棺而合葬焉。像这样路数，哪能不遭东林派的攻击呢？泾阳把一切流弊都归到"无善无恶"四字上，而认为这四个字在理论上本站不住，阳明当初立说本就有毛病。所以他不仅把后来流弊尽量揭发，并且更进一步，从理论上对阳明作根本的攻击。他说：

　　佛学三藏十二部，五千四百八十卷，一言以蔽之曰："无善无恶。"第辨四字于告子易，辨四字于佛氏难。以告子之见性粗，佛氏之见性微也。辨四字于佛氏易，辨四字于阳明难。在佛自立空宗，在吾儒则阴坏实教也。夫自古圣人教人为善去恶而已。为善为其本有也，去恶去其本无也。本体如是，工夫如是，其致一而已矣。阳明岂不教人为善去恶？然既曰"无善无恶"，而又曰"为善去恶"，学者执其上一语，不得不忽其下一语也。何者？心之体无善无恶，则凡所谓善与恶，皆非吾之所固有矣。皆非吾之所固有，则皆情识之用事矣。皆情识之用事，则皆不免为本体之障矣。将择何者而为之？未也。心之体无善无恶，则凡所谓善与恶，皆非吾之所得有矣。皆非吾之所得有，则皆感遇之应迹矣。皆感遇之应迹，则皆不足为本体之障矣。将择何者而去之？犹未也。心之体无善无恶，吾亦无善无恶已耳。若择何者而为之，便未免有善在；若择何者而去，便未免有恶在。若有善无恶，便非所谓无善无恶矣。阳明曰："四无之说，为上根人立教；四有之说，为中根以下人立教。"是阳明且以无善无恶扫却为善去恶矣。既已扫之，犹欲留之。纵曰：为善去恶之功，自初学至圣人，究竟无尽，彼直见以为是权教，非实教也。其谁肯听？既已拈出一个虚寂，又恐人养成一个虚寂。纵重重教戒，重重嘱咐，彼直见以为是为众人说，非为吾辈说也。又谁肯听？夫何故欣上而厌下，乐易而苦难？人情大抵然也。投之以所欣，而复困之以所厌，畀之以所乐，而复撄之以所苦，必不行矣。故曰：惟其执上一语，虽欲不忽下一语而不可得。至于忽下一语，其上一语虽欲不弊而不可得也。罗念庵曰："终日谈本体不说工夫，才拈工夫，便以为外道。使阳明复生，亦当攒眉。"王塘南曰："心意之物，皆无善无恶。使学者以虚见为实悟，必依凭此语，如服鸩毒，未有不杀人者。"海内有号为超悟而竟以破戒负不韪之名，正以中此毒而然也。且夫四无之说,主本体言也。阳明方日是接上根人法,而识者至等之鸩毒;四有之说,主工夫言也。阳明第日是接中根以下人法,而昧者遂等之外道。然则阳明再生,目击兹弊,将有摧心扼腕不能一日安者,何但攒眉已乎!(《与李孟白》)

此就天泉证道一案,反覆推勘,逐层批驳,对阳明深致遗憾,明快警透,比许敬庵"九谛"之说有力多了。他更直比阳明于告子道:

> 阳明之无善无恶,与告子之无善无恶不同。然费个转语,便不自然。假如有人于此,揭兼爱为仁宗,而日"我之兼爱与墨氏之兼爱不同";揭为我为义宗,而日"我之为我与杨氏不同也",人还肯之否?(《商语》)

只要讲无善无恶便与告子同流,更不许下一转语。他又说:

> 近世喜言无善无恶。就而即其旨,则曰:"所谓无善,非真无善也,只是不着于善耳。"予窃以为经言无方无体,是恐着了方体也;言无声无臭,是恐着了声臭也;言不识不知,是恐着了识知也。何者?吾之心原自超出方体、声臭、识知之外也。至于善,即是心之本色,说恁着不着?如明是目之本色,还说得个不着于明否?聪是耳之本色,还说得个不着于聪否?又如孝子,还可说莫着于孝否?如忠臣,还可说莫着于忠否?昔阳明遭宁藩之变,日夕念其

亲不置。门人问曰："得无着相？"阳明曰："此相如何不着？"斯言足以破之矣。(《小心斋札记》)

用阳明自己的话打破"不着于善"之说,直使无善无恶论者无处可以躲闪。本来无善无恶,照周海门的说法,是:

> 维范世俗,以为善去恶为提防,而尽性知天,必无善无恶为究竟。无善无恶,即为善去恶而无迹;而为善去恶,悟无善无恶而始真。教本相通不相悖,语可相济难相非。此天泉证道之大较也。今必以无善无恶为非然者,见为无善,岂虑入于恶乎？不知善且无,而恶更从何容,无病不须疑病;见为无恶,岂疑少却善乎？不知恶既无,而善不必再立,头上难以安头。故一物难加者,本来之体;而两头不立者,妙密之言。是为厥中,是为一贯,是为至诚,是为至善,圣学如是而已。经传中言善字固多善恶对待之善,至于发心性处,善率不与恶对。如中心安仁之仁不与忍对,主静立极之静不与动对。《大学》善上加一至字,尤自可见。荡荡难名为至治,无得而称为至德。他若至仁、至礼等,皆因不可名言拟议而以至名之。至善之善,亦犹是耳。夫惟善不可名言拟议,未易认识,故必以明善乃可诚。若使对待之善,有何难辨,而必先明乃诚耶？"天地贞观",不可以贞观为天地之善;"日月贞明",不可以贞明为日月之善;"星辰有常度",不可以常度为星辰之善。岳不以峙为善,川不以流为善。"人有真心"而莫不饮食者此心,饮食岂以为善乎？"物有正理"而鸢飞鱼跃者此理,飞跃岂

以为善乎？（《九解》中的第一、二两解）

前段只讲个至善无善的意思，后段只讲个天机自然不可以善恶名的意思，完全是一种自然主义。他看人生种种活动都和鸢飞鱼跃、山峙川流一般。这些自然现象是超善恶的，人与自然为一体，所以也是超善恶的。无善无恶者，超善恶之谓也。超善恶的善，才是至善。这都是自然主义者常有的论调。但关于善恶问题，是否能作自然主义的解释，人之道德行为是否能像渴饮饥食一样，这里面还大有讨论余地。"圣人贵名教，老庄明自然"，这种判别由来久矣。一般道学家受佛老影响，虽然对"名教"和"自然"的问题多持"将无同"的调和态度；但是如果自然主义的色彩太浓厚了，究竟和儒者名教主义的根本精神有点冲突。东林派特别强调地提倡名教，其反对自然主义的无善无恶论，那当然是无足怪的了。泾阳还批评阳明道：

> 阳明先生开发有余，收敛不足。当士人桎梏于训诂辞章间，骤而闻良知之说，一时心目俱醒，怳若拨云雾而见白日，岂不大快！然而此窍一凿，混沌遂亡。往往凭虚见而弄精魂，任自然而藐兢业。陵夷至今，议论益玄，习尚益下，高之放诞而不经，卑之顽钝而无耻。仁人君子又相顾裴回，喟然太息，以为倡始者殆亦不能无遗虑焉，而追惜之。（《小心斋札记》卷三）
>
> 阳明先生曰："求诸心而得，虽其言之非出于孔子者，亦不敢以为非也；求诸心而不得，虽其言之出于孔子者，亦不敢以为是也。"此两言者，某窃疑之。夫人之一心，浑

然天理，其是天下之真是也，其非天下之真非也，然而能全之者几何？惟圣人而已矣。自此以下，或偏或驳，遂乃各是其是，各非其非，欲一一而得其真，吾见其难也。故此两言者，其为圣人设乎？则圣人之心虽千百载而上下冥合符契，可以考不谬，俟不惑，无有求之而不得者。其为学者设乎？则学者之去圣人远矣，其求之或得或不得，宜也。于此正应沉潜玩味，虚衷以俟，更为质诸先觉，考诸古训，退而益加培养，洗心宥密，俾其浑然者，果无愧于圣人。如是而犹不得，然后徐断其是非，未晚也。苟不能然，而徒以两言横于胸中，得则是，不得则非，其势必至自专自用，凭恃聪明，轻侮先圣，注脚六经，无复忌惮，不亦误乎？阳明尝曰："心即理也。"某何敢非之？然而言何容易！孔子七十从心不逾矩，始可以言心即理。七十以前尚不知如何也。颜子其心三月不违仁，始可以言心即理。三月以后尚不知如何也。若漫曰心即理也，吾问其心之得不得而已。此乃无星之秤，无寸之尺，其于轻重长短，几何不颠倒而失措哉？(《与李见罗》)

阳明给当时思想界打一吗啡针，把垂死的道学又复苏起来。其激动当时人心，真如泾阳所说："一时心目俱醒，怳若拨云雾而见白日。"然而也正如泾阳所说"七窍凿而混沌亡"，连阳明也要为之惊惶失措了。自信本心，不以孔子之是非为是非，议论越痛快，越惊醒人，其流弊也越大。这是近代学者最喝彩的地方，却也正是泾阳所最不安而急欲加以挽救的地方。泾阳自己标出宗旨道：

> 语本体只是性善二字,语工夫只是小心二字。(《小心斋札记》)

这两句话看似平平淡淡,老生常谈,但其实全是切合时弊,针对着王学末流而发。断然要讲"性善",不能说无善无恶;必须"小心",不能放任自然,以至猖狂无忌惮。泾阳一切理论大体上可以总摄于此了。

顾允成字季时,别号泾凡,泾阳之弟也。生于嘉靖三十三年(1554),卒于万历三十五年(1607),寿五十四岁。

泾凡初与泾阳同游薛方山之门,后又同讲学于东林书院,见义必为,其激扬振厉处似更过泾阳。一日,喟然而叹。泾阳曰:"何叹也?"曰:"吾叹夫今之讲学者,恁是天崩地陷,他也不管,只讲学耳。"泾阳曰:"然则所讲何事?"曰:"在缙绅只明哲保身一句,在布衣只传食诸侯一句。"泾阳为之慨然。观此可想见其风采。他有许多这一类富于刺激性的言论,如:

> 三代而下,只是乡愿一班人,名利兼收,便宜受用,虽不犯手弑君弑父,而自为忒重,实埋下弑君弑父种子。
>
> 夫假节义乃血气也,真节义即义理也。血气之怒不可有,义理之怒不可无。义理之节气,不可亢之而使骄,亦不可抑之而使馁。以义理而误认为血气,则浩然之气且无事养矣。近世乡愿道学,往往借此等议论,以销铄吾人之真元,而遂其同流合污之志。其言最高,其害最远。
>
> 平生左见,怕言中字,以为我辈学问,须从狂狷起脚,然后能从中行歇脚。凡近世之好为中行,而每每堕入乡愿

窠臼者,只因起脚时便要做歇脚事也。(以上皆《小心斋札记》)

王学左派骂乡愿,泾凡也骂乡愿。但左派走的是阔略不掩的狂者一路,泾凡走的却是砥砺廉隅的狷者一路。自然,泾凡是不会赞成这种说法的,因为他看左派诸人简直是洪水猛兽,决不肯承认他们是狂者。要说左派诸人是狂者,那只能用另一种含义,就是说他们猖狂无忌罢了。他也极力攻击"无善无恶"四字。

> 无善无恶,本病只是一个空字,末病只是一个混字。故始也,见为无一之可有;究也,且无一不可有。始也等善于恶,究也且混恶于善,其至善也,乃其所以为至恶也。(同上)
> 朱子尝曰:"孟子一生,费尽心力,只破得枉尺直寻四字;今日讲学家只成就枉尺直寻四字。"愚亦曰:"孟子一生,费尽心力,只破得无善无恶四字;今日讲学家只成就无善无恶四字。"(同上)

这种论调和泾阳一样。他自言其用功门路道:

> 上不从玄妙门讨入路,下不从方便门讨出路。(同上)

从玄妙门入,即流于"空";从方便门出,即流于"混"。左派诸人正在这上面把佛、老、申、韩搅成一团,这是东林派所最反对的。泾凡又说:

> 炎祚之促，小人促之也；善类之殃，小人殃之也；绍圣之纷更，小人纷更之也。今不归罪于小人，而反归罪于君子，是君子既不得志于当时之私人，而仍不得志于后世之公论。为小人者，不惟愚弄其一时，仍并后世而愚之也。审如其言，则将曰："比干激而亡商，龙逢激而亡夏，孔子一矫而春秋遂流为战国，孟子与苏秦、张仪分为三党而战国遂吞于吕秦。"其亦何辞矣！（同上）

这真是快论！激浊扬清，善善恶恶，一扫模棱两可，严于责君子而宽于责小人的弊习，最足表现东林派的特殊学风。

高攀龙字存之，别号景逸，无锡人。生于嘉靖四十一年（1562），卒于天启六年（1626），寿六十五岁。初为行人，因劾王锡爵谪归。遂与泾阳讲学于东林书院，在林下者二十八年。天启初复起，历仕光禄寺丞、少卿、太常、大理、太仆卿、刑部侍郎、左都御史。纠大贪御史崔呈秀。阉祸作，自沉水死。崇祯初，赠太子少保、兵部尚书，谥忠宪。

景逸之学，得力静坐。当其谪赴揭阳时，于舟中厚设蓐席，严立规程，半日读书，半日静坐，于凡"诚敬主静"、"观喜怒哀乐未发"、"默坐澄心"、"体认天理"等一一行之。立坐食息，念念不舍。夜不解衣，倦极而睡，睡觉复坐，于前诸法反覆更回，心气清澄时，便有塞乎天地气象，第不能常。在路二月，幸无人事。而山水清美，主仆相依，寂寂静静。晚间命酒数行，停舟青山，徘徊碧涧。时坐磐石，溪声鸟韵，茂树修篁，种种悦心，而心不着境。过汀州，陆行至一旅舍。舍有小楼，前对山，后临涧，登楼甚乐。偶见明道先生曰："百官万务，兵革百万之众，饮水曲肱,乐在其中。万变俱在人,其实无一事。"猛省曰:"原来如此!实无一事也。"一念缠绵,斩然遂绝。忽如百斤担子,顿尔落地;又如电光一闪,透体通明。遂与大化融合无际,更无天人内外之隔。至此见六合皆心,腔子是其区宇,方寸亦其本位。神而明之,总无方所可言也。自此工夫日进。丙午,方实信孟子"性善"之旨;丁未,方实信程子"鸢飞鱼跃,与必有事焉"之旨;辛亥,方实信《大学》"知本"之旨;壬子,方实信《中庸》之旨。甲寅以后,涵养愈粹,工夫愈密。到头学力,自云"心如太虚,本无生死",由此可知其造诣之深。他认为静定工夫不可少,其理由是:

> 盖各人病痛不同。大圣贤必有大精神,其主静只在寻常日用中。学者神短气浮,须数十年静力,方得厚聚深培。而最受病处,在自幼无小学之教,浸染世俗,故俗根难拔。必埋头读书,使义理浃洽,变易其俗肠俗骨;澄神默坐,使尘妄消散,坚凝其正心正气,乃可耳。(《自序为学次第》)

以静坐补小学收放心一段工夫,程子早有此说。后来双江归寂,念庵主静,都是一脉相传。景逸自从其得力处立论,亦仍是走他们那一路也。他专写一篇《静坐说》,大意谓:

> 静坐之法,不用一毫安排,只平平常常,默然静去。此平常二字不可容易看过,即性体也。以其清净不容一物,故谓之平常。画前之《易》如此,人生而静以上如此,喜怒

哀乐未发如此,乃天理之自然,须在人各各自体贴出,方是自得。静中妄念强除不得,真体既显,妄念自息;昏气亦强除不得,妄念既净,昏气自清。只体认本性原来本色,还他湛然而已。大抵着一毫意不得,着一毫见不得。才添一念,便失本色。由静而动,亦只平平常常,湛然动去。静时与动时一色,动时与静时一色。所以一色者,只是一个平常也。故曰"无动无静",学者不过借静坐中认此无动无静之体云尔。静中得力,方是动中真得力;动中得力,方是静中真得力。所谓敬者此也,所谓仁者此也,所谓诚者此也,是复性之道也。

静坐之法,唤醒此心,卓然常明,志无所适而已。志无所适,精神自然凝复。不待安排,勿着方所,勿思效验。初入静者,不知摄持之法,惟体贴圣贤切要之言,自有入处。静至三日,必臻妙境。

景逸在揭阳道上深深做过一番静功,等于他的龙场一悟。对于静坐一道,他是确有所得的。然而他不喜欢"张皇说悟",把旁人认为妙境的,只当作"平常"看,所以讲得格外平易近人。他自述道:

某自甲午年赴谪所,从万山中盘石上露出本来面目,修持十五年,只觉一毫尚在。去年一化,方知水穷山尽处耳。虽然,圣解一破立尽,凡情万叠难销。古德牧之为牛,某则奉之为君。夫何为哉?恭己正南面而已。(《答瞿洞观》)

旁人一悟便了,他却认为悟后才正好下工夫。凡情习心,重重叠叠,非用长期工夫是不能脱胎换骨的。大概东林派有鉴于王学末流猖狂之病,渐转入稳健一路。东林书院既遵用朱子白鹿洞书院学规,而景逸用工夫处亦概属程朱主敬法门。试看他《语录》上说:

> 朱子立主敬三法:伊川整齐严肃,上蔡常惺惺,和靖其心收敛,不容一物。言敬者总不出此。然常惺惺,其心收敛,一着意便不是。盖此心神明,难犯手势。惟整齐严肃,有妙存焉,未尝不惺惺,未尝不收敛。内外卓然,绝不犯手也。

明明归宗“主敬”,并且特别着落在“整齐严肃”四字上,惟恐稍涉玄虚,可想见其学风之笃实。他说:

> 尝妄意以为今日之学,宁守先儒之说,拘拘为寻行数墨,而不敢谈玄说妙,自陷于不知之妄作;宁凛前哲之矩,硁硁为乡党自好,而不敢谈圆说通,自陷于无忌惮之中庸。积之既久,倘习心变革,德性坚凝,自当恍然知大道之果不离日用常行,而步步踏实地,与对塔说相轮者远矣。（《答叶台山》）

不尚玄妙,不尚圆通,也是针对王学末流而发。他批评王学道:

> 姚江之弊,始也扫闻见以明心耳,究而任心而废学,于

是乎诗书礼乐轻而士鲜实悟；始也扫善恶以空念耳，究且任空而废行，于是乎名节忠义轻而士鲜实修。(《崇文会语序》)

> 谈良知者，致知不在格物，故虚灵之用多为情识，而非天则之自然，去至善远矣。吾辈格物，格至善也。以善为宗，不以知为宗也。故致知在格物，一语而儒释判矣。(《答王仪寰》)

"诗书礼乐"是"博学于文"，"名节忠义"是"行己有耻"，和后来顾亭林的论调已有些类似了。格物之说，从王返朱，以"善"为宗，亦正针对着"无善无恶"之说。景逸又谓：

> 本体本无可拈，圣人姑拈一"善"字；工夫极有多方，圣人为拈一"敬"字。(《邹顾请益》)

和泾阳"性善"与"小心"之说如出一口，这可以说是东林派理论的核心。黄梨洲说："东林之学，泾阳导其源，景逸始入细。"可知景逸在东林派地位之重要了。

以上所述顾、高二子，为东林首要。当时东林既以清议所归而为奸邪所忌，故后来所谓东林者，依草附木者有之，随便诬指者有之，不必其果曾参与东林讲席者也。周亮工曰：

> ……适忠宪起为总宪，风裁大著，疏发御史崔呈秀之赃。呈秀遂父事忠贤，日嗾忠贤曰："东林欲杀我父子。"忠贤初不知东林为何地，东林之人为何人，辄曰："东林杀

我。"既而杨左诸公交章劾珰，珰益信诸人之言不虚也。于是有憾于诸子者，牵连罗织，以逢逆珰之恶。锒珰大狱，惨动天地。遂首毁京师书院，而天下之书院俱毁矣。……朝廷之上，另用一番人。政事日新，议论日奇。刑尚苛刻，而以言宽大者为东林；饷主加派，而以言减免者为东林；贼议款抚，而以言战剿者为东林；至政本之地、司马之堂，前后闻凶，俱衣绯办事，而以言终制、言纲常者为东林。于时至清无徒，闭门博古之黄宫詹，且纠之为老妖，诬之为立帜，降谪不已系逮之，诏狱不已廷杖之，烟戍不已永戍之。及刘总宪被斥出都，破帽蒙头，旧部民、京兆父老十余人为之牵驴洒泣，乃政本大老方侈以为得计。嗟嗟！覆亡之祸，岂尽关气数哉！（《书东林书院印后》）

梨洲亦曰：

东林讲学者，不过数人耳；其为讲院，亦不过一郡之内耳。昔绪山、二溪，鼓动流俗，江浙南畿，所在设教，可谓之标榜矣。东林无是也。京师首善之会，主之为南皋、少墟，于东林无与。乃言国本者谓之东林，争科场者谓之东林，攻逆阉者谓之东林，以至言夺情奸相讨贼，凡一议之正，一人之不随流俗者，无不谓之东林。若似乎东林标榜，遍于域中，延于数世。东林何不幸而有是也！东林何幸而有是也！然则东林岂真有名目哉？亦小人者加之名目而已矣。论者以东林为清议所宗，祸之招也。子言之："君子之道，辟则坊与。"清议者，天下之坊也。夫子之议臧氏之窃位,议季氏之旅泰山,独非清议乎?清议息而后有美新之上言,媚阉之红本,故小人之恶清议,犹黄河之碣砥柱也。熹宗之时,龟鼎将移,其以血肉撑拒,没虞渊而取坠日者,东林也。毅宗之变,攀龙髯而蓐蝼蚁者,属之东林乎?属之攻东林者乎?数十年来,勇者燔妻子,弱者埋土室,忠义之盛,度越前代,犹是东林之流风余韵也。一堂师友,冷风热血,洗涤乾坤。无智之徒,窃窃然从而议之,可悲也夫。

(《明儒学案》卷五十八)

观黄、周二氏所论,可知东林派和晚明政局的关系。至于在学术上的立场,他们虽然有时候表示从王返朱的倾向,但实际上他们的学风终不类朱,而倒和王学右派相接近,是"尊德性"一路,而不是"道问学"一路。曾文正公批评他们:"排王氏而不塞其源,是五十步笑百步之类。"所以与其说他们是王学反对派,不如说他们是王学修正派,他们究竟还是从王学中演化出来的。当时作王学修正运动的,除东林派以外,还有许多人。如李见罗,本出邹东廓之门,后来自出手眼,特拈"止修"二字,以为孔、曾嫡传,对于王学多效诤议,一时影响很大。如许敬庵,以"九谛"难无善无恶之说,将阳明宗旨极力从左派异说中救拔出来。如邹南皋与冯少墟讲学首善书院,虽相戒不言朝政,但大旨仍近东林。直到清初的孙夏峰、黄梨洲、李二曲,都可以说是王学修正派。现在我只把最重要的刘蕺山讲一讲:

刘宗周字起东,号念台,亦称蕺山,山阴人。生于万历六年(1578),卒于清顺治二年(1645),寿六十八岁。历官行人、礼部主事、光禄寺丞、尚宝少卿、太仆少卿、顺天府尹、工部左侍郎、吏部左侍郎、左都御史。忠悬謇谔,屡进屡退。及清兵破南都,浙省降,乃绝食二十日而卒。

蕺山与高景逸并称为大儒,其学风大体上亦近东林,而更为精切笃实。道学至此,真已辨析毫厘矣。当阉祸作后,诸君子备受荼毒,一时讲学风气,几于绝响。蕺山以鲁殿灵光,独与陶石梁立证人社于绍兴,以振起坠绪。但石梁出自周海门,蕺山出自许敬庵,本为恰相对立之两派。故不久讲会即告分裂,石梁别开讲会于白马岩居,而蕺山则于古小学。当时石梁专讲本体,主无善无恶,其后更流于因果报应,亦混入释氏。而蕺山则曰:

> 不识本体,果如何下工夫? 但既识本体,即须认定本体用工夫。工夫愈精密,则本体愈昭莹。今谓既识后遂一无事事,可以纵横自如,六通无碍,势必猖狂纵恣,流为无忌惮之归而后已。(《年谱》)
>
> 陶石梁每提认识二字,果未经认识,如何讨下手? 乃门下便欲认识个什么,转落影响边事,愈求愈远,堕入坑堑。《中庸》言道不远人,其要归之子臣弟友。学者乃欲远人以为道乎?(《证人社语录》)
>
> 学者只有工夫可说,其本体处直是着不得一语,才着一语,便是工夫边事。然言工夫而本体在其中矣。大抵学者肯用工夫处,即是本体流露处;其善用工夫处,即是本体正当处。非工夫之外,别有本体可以两相凑泊也。若谓两相凑泊,则亦外物而非道矣。(《答秦宏祐》)

强调地提出"工夫"二字,不教人悬空去想象"本体",不重

"悟"而重"修"，这是王学修正派的普通路数；而其所论工夫入细处，更和高景逸、李见罗相近。后来黄梨洲所谓"心无本体，工夫所至，即其本体"，此处已见其端倪了。蕺山又说：

> 董黄庭言："为善去恶，未尝不是工夫。"陶先生切切以本体救之，谓："黄庭身上，本是圣人，何善可为？何恶可去？"然不能无疑于此也。既无善可为，则亦无所事于为善矣；无恶可去，则亦无所事于去恶矣。既无本体，并无工夫，将率天下为猖狂自恣，流于佛、老矣。故某于此，只喝"知善知恶是良知"一语。就良知言本体，则本体绝非虚无；就良知言工夫，则工夫绝非枝叶。庶几舍短取长之意。昔者季路一日有事鬼神之问，不得于鬼神；又有知死之问，总向无处立脚。若于此进一解，便是无善无恶一路。夫子一则曰："未能事人，焉能事鬼？"一则曰："未知生，焉知死？"——从有处转之。乃知孔门授受，只在彝伦日用讨归宿，绝不于此外空谈本体，滋高明之惑。只此是性学。所云"知生便是知性处"，所云"事人便是尽性处"。孟子言良知，只从知爱知敬处指点，亦是此意。知爱知敬，正是本体流露正当处。从此为善，方是真为善；从此去恶，方是真去恶，则无善无恶之体不必言矣。今人喜言性学，只说得"无善无恶心之体"，不免犯却季路两问之意。浸淫不已，遂有四无之说，于"良知"字全没交涉，其为坏师门教法，当何如者。（同上）

知性尽性，只能就人生里面讲，不是超人生的。无善无恶，便讲到超人生方面去了。良知知爱知敬，知善知恶，分明和无善无恶之说不相容。左派诸人单注意一句"无善无恶心之体"，遂提出四无之说，和良知本义愈趋愈远。所以蕺山特别喝出"知善知恶是良知"一语，单提直入，不许稍有搀和躲闪。舍此而别讲本体，便入"虚无"；离此而别讲工夫，便属"枝叶"。以此挽救左派之流弊，即以此洗剥出阳明之本旨。他分明指出王学的内在矛盾，而把它修正了。他说：

> 来教娓娓，大抵以敬庵先生"九谛"为非，而信周海门先生之"九解"，今其书见在，可覆也。仆生平服膺许师者也，于周师之言，望门而不敢入焉。……仆窃谓：天地间道理只是个有善而无恶，我辈入学问只是个为善而去恶。言有善便是无恶，言无恶便是有善，以此思之，则阳明先生所谓"无善无恶心之体"，未必然也。言为善便是去恶，言去恶便是为善，即阳明先生所谓"去人欲便是存天理"是也。以此思之，则阳明先生所谓"为善去恶是格物"，亦未必然也。……大抵诸君子之意，皆从袁了凡颜壮其来。了凡之意，本是积功累行，要求功名得功名，求子女得子女，其题目大旨显然揭出，虽是害道，然亦自成一家言。诸君子平日竖义，要识认良知下落，绝不喜迁改边事；一旦下梢头，则取袁了凡之言，以为津梁，浸入因果边去。一上一下之间，如以为打合得一，则是道差也；以为打合不得一，则是教差也，二者宜何居焉？（同上）

秦宏祐是石梁派下人，著《迁改格》，石梁序而行之，分明流入袁了凡《功过格》一路,从虚无主义一堕落而为求冥报的功利主义的因果迷信,所以蕺山反对他们。在这段话里面,不仅指出石梁派的矛盾,并且指出阳明的矛盾,明白站在许敬庵一方面,而反对周海门。他又说:

> 阳明先生于知止一关全未勘入,只教人在念起念灭时用个为善去恶之力,终非究竟一着。与所谓"只于根本求生死,莫向支流辨浊清",不免自相矛盾。故其答门人有"即用求体"之说,又有"致和乃以致中"之说,何其与龟山门下一派相背驰乎? 然则阳明之学,谓其失之粗浅,不见道则有之,未可病其为禅也。阳明而禅,何以处豫章、延平乎? 只为后人将无善无恶四字播弄得天花乱坠,一顿扯入禅乘,于平日所谓良知即天理,良知即至善等处,全然抹杀,安得不起后世之惑乎? 阳明不幸而有龙谿,犹之象山不幸而有慈湖,皆斯文之阨也。大抵读古人书,全在以意逆志,披牝牡骊黄而直窥其神骏,则其分合异同之际,无不足以备尚论之资,而一脉大中至正,纯粹不杂之圣真,必有恍然自得于深造之余者。若或界限太严,拘泥太甚,至于因噎而废食,则斯道终无可明之日矣。(《答韩位》)

以"无善无恶"讲本体,岂不就是"虚无"? 从"念起念灭"上做工夫,岂非属于"枝叶"? 蕺山认为阳明在这些地方未免拖泥带水,所以竟敢说他"粗浅不见道",至龙谿一班人就更专从这一路发展下去了。蕺山从王学中扫去那些杂质,而专剥取其"合理的核心",把王学接续到程门相传的一脉上。他用"披牝牡骊黄而直窥其神骏"的方法,从错综变异的各学派中,看见个一脉相承,"大中至正,纯粹不杂"的大流。他融会贯通,提出自己的主张道:

> 独之外,别无本体;慎独之外,别无工夫。……须知性只是气质之性,而义理者,气质之本然,乃所以为性也。性只是人心,而道者,人之所当然,乃所以为心也。人心道心,只是一心;气质义理,只是一性。识得心一性一,则工夫亦可一。静存之外,更无动察;主敬之外,更无穷理。其究也,工夫与本体亦一。此慎独之说也。(《天命章说》)

单提一个"慎独",即工夫,即本体;即静存,即动察;即主敬,即穷理;即未发,即已发;乃至人心与道心,义理之性与气质之性,无处不一,真是一了百当,蕺山所有理论总摄于此。大概阳明以后,王学向左、右两方分途发展。左派一直流而为狂禅派,右派则演变而为各种修正派。综观当时王学修正运动的发展,约略可分为三个阶段:最初右派学者如双江、念庵,归寂主静,以挽救左派猖狂之病,其重工夫,主收敛,虽开后来各派修正论的端绪,但大体上仍依傍阳明,未曾明白自立一理论体系,这算是第一阶段;及李见罗出来,双提"止修"两字,以代替良知口诀,"修"以矫空想本体之病,"止"以矫在"枝叶"上在"念起念灭"上用功之病,机杼一新,确立了修正派的理论骨干,这算是第二阶段;但见罗这种两头并举办法,虽然道破了修正派理论的实质而未免帮凑,有欠浑融,故自顾、高诸子以降,迭加润色,至蕺山修正派的理论才融成一片了,这算是第三阶段。蕺山说阳明"于知止一关全未勘入",分明从见罗得来。蕺山所谓"独",相当于见罗所谓"止",而其"慎独"的工夫,亦正类乎见罗所谓"修"。但见罗须两头兼顾,而蕺山则单提直入,一了百当,这是他进步的地方。蕺山讲"慎独"的话极多,如云：

> 无事,此慎独即是存养之要；有事,此慎独即是省察之功。独外无理,穷此之谓穷理,而读书以体验之；独外无身,修此之谓修身,而言行以践履之,其实一事而已。知乎此者,谓复性之学。(《答门人》)

> 所云"造化人事皆以收敛为主,发散是不得已事",正指独体边事。"天向一中分造化,人从心上起经纶"是也。非以收敛为静,发散为动也。一敛一发,自是造化流行不息之气机；而必有所以枢纽乎是,运旋乎是,则所谓天枢也,即所谓独体也。今若以独为至静之体,又将以何者为动用乎？"藏而后发",白沙有是言,其始学亦误也。其后自知其非,又随动静以施其功,亦误也。总在二五边生活故耳。故曰：君子之学,慎独而已矣。(《答门人》)

> 独体只是个微字,慎独之功,亦只在于微处下一着子。故曰："道心惟微。"(《语录》)

> 天枢转于穆,地轴亘于中央,人心藏于独觉。(同上)

> 知无不良,只是独知一点。(同上)

> 自濂溪有主静立极之说,传之豫章、延平,遂以"看喜怒哀乐未发以前气象"为单提口诀。夫所谓未发以前气象,即是独中真消息,但说不得前后际耳。盖独不离中和,延平姑即中以求独体,而和在其中,此慎独真方便门也。

后儒不察,谓"未发以前专是静寂一机",直欲求之思虑未起之先,而曰"既思即是已发",果然心行路绝,言语道断矣。(同上)

惟存发总是一机,故中和浑是一性。如内有阳舒之心,为喜为乐,外即有阳舒之色,动作态度无不阳舒者;内有阴惨之心,为怒为哀,外即有阴惨之色,动作态度无不阴惨者。推之一动一静,一语一默,莫不皆然。此独体之妙,所以即微即显,即隐即见,即慎独之学,即中和,即位育,此千圣学脉也。(同上)

君子学以慎独,直从声臭外立根基。一切言动事为,庆赏刑威,无不日见于天下,而问其所从出之地,凝然不动些子,只有一个渊然之象,为天下立皇极而已。众星昼夜旋转,天枢不动。其不动处是天心,这便是"道心惟微";其运旋处,便是"人心惟危";其常运而常静处,便是"惟精惟一,允执厥中"。天人之学也。(《论语学案》)

《大学》之道,一言以蔽之曰:慎独而已矣。自虞廷执中以来,无非此意。(《大学杂绎》)

《大学》之道,诚意而已矣;诚意之功,慎独而已矣。意也者,至善归宿之地,其为物不贰,故曰独。(同上)

他认出一个"独体",把它看作"天枢"、"地轴"、道心之"微","中"也是它,"和"也是它,"精"也是它,"一"也是它,纵说横说,头头是道,从来讲"慎独"的没有他讲得这样真切微妙而有着落。他最特别的地方,在乎把"诚意"的"意"字不当作"心之所发",而当作"心之所存"或"心之主宰"。一念未发,而炯炯不昧的一点灵明中自有一个主宰，这就是"意"，就是"独"，就是良知。他牢牢把握住这个要点，把什么未发已发多少麻烦问题都很明快地解决了。这个意味王塘南已经有一点，但直到蕺山才算充分发展，形成一个大体系。他的大弟子黄梨洲对于这一点极力表扬，如云：

> 《中庸》言致中和。考亭以存养为致中，省察为致和，虽中和兼致，而未免分动静为两截，至工夫有二用。其后，王龙谿从日用伦物之感应以致其明察，欧阳南野以感应变化为良知，则是致和而不致中；聂双江、罗念庵之归寂守静，则是致中而不致和。诸儒之言，无不日前后内外浑然一体；然或摄感以归寂，或缘寂以起感，终是有所偏倚。则以"意者心之所发"一言为崇，致中者以意为不足凭而越过乎意；致和者以动为意之本然而逐乎意；中和兼致者，有前乎意之工夫，有后乎意之工夫，而意拦截其间。使早知"意为心之所存"，则操功只有一意破除拦截，方可言前后内外浑然一体也。（《答董吴仲论学书》）

看这段话，可知意为"心之所存"或意为"心之主宰"，确乎是蕺山学说的一个要点，其所以独立于诸儒之表者即在乎此。蕺山还有个重要贡献，就是他的反理气二元论。他说：

> 理只是气之理，断然不在气之先，不在气之外。（《语录》）
> 盈天地间，止有"气质之性"，更无"义理之性"。如日"气质之理"即是，岂可日"义理之理"乎？（同上）

古今性学不明，只是将此理另作一物看。……佛氏曰"性空也"，空与色对，空一物也。老氏曰"性玄也"，玄与白对，玄一物也。吾儒曰"性理也"，理与气对，理一物也。佛、老叛理，而吾儒障于理，几何而胜之。（同上）

性者，心之理也。心以气言，而性其条理也。离心无性，离气无理。虽谓气即性，性即气，犹二之也。（《答沈中柱》）

理气二元论与反理气二元论之争，是中国近古思想史上一大公案。自从朱子明显展开理气二元论，把所有各种心性问题都一贯地予以二元的解释。直到明朝中叶，首先从程朱派内部发生反动，如崔后渠、汪石潭、罗整庵，都有反理气二元论的论调，但仅是局部的，尚未能造成一贯的理论。后来东林派的孙淇澳，对此颇有贡献。至蕺山，才更干脆地把反理气二元论推进了一大步。在这一点上，蕺山实作了颜李学派以及戴东原的先驱。九年前，我曾写过一篇《明清时代的唯名论思潮》，认为理气二元论和反理气二元论的对立，正类乎欧洲中古末期经院哲学中实在论和唯名论的对立。看上边所引几段话，就可以知道蕺山的唯名论色彩已经是非常明显了。

第六章　佛门的几个龙象

　　晚明思想界的活跃，不仅表现在儒家方面，同样地亦表现在佛家方面。当时狂禅潮流，掩袭一世。在儒家方面引起东林各派的王学修正运动，在佛家方面也引起云栖、紫柏、憨山等的佛教复兴运动。黄梨洲说：

　　　　有明自楚石以后，佛法中衰，得紫柏、憨山而再振。（《钱清谿墓志铭》）
　　　　万历以前，宗风衰息。云门、沩仰、法眼皆绝；曹洞之存，密室传帕；临济亦若存若没，什百为偶，甲乙相授，类多堕窳之徒。紫柏、憨山别树法幢，过而唾之。（《三峰禅师塔铭》）
　　　　朱子云："佛学至禅学大坏。"盖至于今，禅学至棒喝而又大坏。棒喝因付嘱源流而又大坏。就禅教中分之为两：曰如来禅，曰祖师禅。如来禅者，先儒所谓语上而遗下，弥近理而大乱真者是也。祖师禅者，纵横捭阖，纯以机巧小慧牢笼出没其间，不啻远理而失真矣。今之为释氏者，中分天下之人，非祖师禅勿贵。递相嘱付，聚群不逞之徒，教之以机械变诈，皇皇求利，其害岂止于洪水猛兽哉！故吾见今之学禅而有得者，求一朴实自好之士而无有。假使达磨复来，必当折棒噤口，涂抹源流，而后佛道可兴。

（《明儒学案》卷三十三）

梨洲辟佛甚严，其措辞或有过火地方，但当时佛学界之衰颓与混乱，由此亦可明其大概。这种情形，即就佛教立场上说，自然也需要整顿振作一番，当时复兴佛教之大人物，梨洲仅举出紫柏和憨山。自然，这两位龙象轰轰烈烈，特别有声光。但比他们年辈还要稍长一点的云栖大师，其地位之重要也决不下于他们。当时藕益大师供奉西方及中土诸祖共十八人，就是特提云栖、紫柏、憨山继承诸祖之后的。而藕益本人之伟大，又恰好可以继承着三大师。此外尚有湛然、密云、法藏等，亦皆各振宗风，称盛一时。兹就手边所有材料，择要论述如下：

（一）云栖大师

名袾宏，号莲池，俗姓沈，仁和人。生于嘉靖十四年（1535），卒于万历四十三年（1615），寿八十一岁。年十七，为诸生，以学行重一时。顾志在出世，每书生死事于案头，即讲艺亦必折归佛理。年三十余，父母既没，遂出家。遍访名山，参遍融、笑严二老于京师。六载行脚，于隆庆五年南还。爱云栖山水幽胜，遂剃草开林，重建古寺。主教数十年，法席之盛，世罕其匹。没后弟子共尊为莲宗第八祖，憨山大师且称之为法门周

孔。遗著二三十种,总集为《云栖法汇》,盛传于世。他归心净土,极力提倡念佛。其言曰:

> 夫学佛者,无论庄严形迹,止贵真实修行。在家居士,不必定要缁衣道巾。戴发之人,自可常服念佛,不必定要敲鱼击鼓。好静之人,自可寂默念佛,不必定要成群做会。怕事之人,自可闭门念佛,不必定要入寺听经。识字之人,自可依教念佛。千里烧香,不如安坐家堂念佛。供奉邪师,不如孝顺父母念佛。广交魔友,不如独身清净念佛。寄库来生,不如见在作福念佛。许愿保禳,不如悔过自新念佛。习学外道文书,不如一字不识念佛。无知妄谈禅理,不如老实持戒念佛。希求妖鬼灵通,不如正信因果念佛。以要言之:端心灭恶,如是念佛,号曰善人;摄心除散,如是念佛,号曰贤人;悟心断惑,如是念佛,号曰圣人。
> (《遗稿》卷三《普劝念佛》)
>
> 世间无有一人不堪念佛:若人富贵……若人贫穷……若人有子……若人无子……若人子孝……若人子逆……若人无病……若人有病……若人年老……若人年少……若人处闲……若人处忙……若人出家……若人在家……若人聪明……若人愚鲁……若人持律,律是佛制,正好念佛;若人看经,经是佛说,正好念佛;若人参禅,禅是佛心,正好念佛;若人悟道,悟须佛证,正好念佛。(《遗稿》卷三《普劝念佛往生净土》)

他总摄各色人等,统归念佛一路,可算是一个广大号召。本来净土一宗,当被列在小乘中;但云栖却把它列入顿教,而又贯通乎大乘终教与圆教。一声佛号,彻上彻下,随时随处,可深可浅,真是无上方便法门。他主张禅净一致论,认为念佛不碍参禅,参禅不碍念佛。他说:

> 归元性无二,方便有多门。今之执禅谤净土者,却不曾真实参究;执净土谤禅者,亦不曾真实念佛。若各各做工夫,到彻底穷源处,则知两条门路原不差毫厘也。(《杂答》)
>
> 但执观心,不信有极乐净土;但执无生,不信有净土往生,则未达即心即土,不知生即无生,偏空之见,非圆顿之禅也。反不如理性虽未大明,而念佛已成三昧者,何足怪乎?若夫观心而妙悟自心,观无生而得无生忍,此正与念佛人上品上生者同科,又谁轩轾之有?(《竹窗二笔·念佛镜》)

通常一般人总觉得参禅很微妙,而念佛很呆笨,云栖却不是这样看法。他不仅认为殊途同归,并且更进一步,认为念佛即是参禅。有人问他:"参禅念佛可用融通否?"他回答道:

> 若然是两物,用得融通着。(《遗稿》卷三《答江山朱居士》)

完全看成一件事,根本连融通也用不着。本来参禅所用的话头,并没有什么一定。假使当念佛时,切实参究,"看念佛的是谁",这不也正是参禅么?所以云栖说:

> 入道多门,直捷简要,无如念佛。念佛一门,上度最胜

利根，下至极愚极钝，盖是彻上彻下之道，勿以俗见摇惑。古来尊宿教人看话头起疑情以期大悟，或看无字，或看万等，不一而足。今试比例，假如万法归一，一归何处，与念佛是谁极相似。若于是谁处倒断，一归何处，不着问人自豁然矣。古人谓念佛人欲参禅，不须别举话头，正此意也。念佛数声，回头自看这念佛的是谁。如此用心，勿忘勿助，久之当自有省。如或不能，直念亦可。使其念不离佛，佛不离念，念极心空，感应道交，现前见佛，理必然矣。

（《遗稿》卷二《与南城吴念慈居士广翊》）

不过这里面还有些细微问题。他的弟子闻谷曾提出种种疑难，云栖一一予以解答。试看其《遗稿》卷三中《答闻谷广印》那几段话，自然就明白了。就这区区念佛的一种笨工夫，云栖既把它和教外别传的禅宗相融合，更把它和无上一乘圆教的《华严经》相贯通。他本是最崇尚《华严》的，其解释教理实以《华严》为根据，但他所极力倡导的终属净土。《遗稿》卷一有《答苏州曹鲁川邑令》二书，洋洋两三千言，讨论《华严》与净土，极为重要。其大旨谓：

不肖虽崇尚净土，而实则崇尚《华严》不异于居士。夫《华严》具无量门，求生净土，《华严》无量门中之一门耳。就时之机，盖由此一门而入《华严》，非举此一门而废《华严》也。又来谕谓不肖以《弥陀》与《华严》并称，因此遂有著论驾净土于《华严》之上者，此论谁作乎？《华严》如天子，谁有驾诸侯王、大臣、百官于天子之上者乎？然不肖亦未尝并称也。《疏钞》中特谓《华严》圆极，《弥陀经》得圆少分，是《华严》之眷属流类，非并也。……又来谕谓宜随机演教，为宜净土人说净土，为宜《华严》人说《华严》，此意甚妙。然中有二义：一者，千机并育，乃如来出世事，非不肖所能。故曹溪专直指之禅，岂其不通余教？远公擅东林之社，亦非止接钝根。至于云门、法眼、曹洞、沩仰、临济，虽五宗同出一源，而亦授受稍别。门庭施设，理自应尔，无足怪者。况不肖凡品乎？若其妄效古人，昨日定今日不定，而漫无师承，变乱不一。名曰利人，实误人矣。何以故？我为法王，于法自在；平民自号国王，不可不慎也。二者，说《华严》则该净土，说净土亦通《华严》。是以说《华严》者自说《华严》，说净土者自说净土，固并行而不相悖。今人但知《华严》广于极乐，而不知弥陀即是遮那也。

因为他极力提倡念佛，特别阐扬《阿弥陀经》，竟被人误解为以净土压倒《华严》，所以他不得不加以辩白。他本来参禅，而又博通各种经论，《华严》更为他所特别尊奉，但是他惟恐怕讲得过高，流于猖狂泛滥，所以自居钝根，一味教人从最平实处做工夫，所谓极高明而道中庸也。他的见解极圆通，而又极有绳检。有些看似拘滞执着的地方，实际上乃正是他通透灵活的地方。旁人把活的讲死了，他却把死的都讲活了。因为他深造自得，所以能取之左右逢其源。他是真知灼见，所以讲的话句句有着落，踏到实处，决不像旁人专说大话，尽是些影响之谈也。他尽管坚持念佛一着，把它抬高到天上，但那是由博而约，由精而一，从微妙玄通中而得到具体的把柄,决不是浅见寡闻者所能假借。试看他说：

> 看经须是周遍广博,方得融贯,不致偏执。盖经有此处建立、彼处扫荡,此处扫荡、彼处建立,随时逐机,无定法故。假使只看《楞严》,见势至不入圆通,而不广览《称赞净土》诸经,便谓念佛法门不足尚矣。只看达磨对梁帝语,见功德不在作福,而不广览《六度》、《万行》诸经,便谓有为福德皆可废矣。反而观之,执净土非禅宗,执有为非无为,亦复如是。喻如读医书不广者,但见治寒用桂附而斥芩连,治虚用参耆而斥枳朴,不知芩连、枳朴亦有时当用,而桂附、参耆亦有时当斥也。是故执医之一方者误色身,执经之一义者误慧命。予谓《六祖坛经》不可使无智人观之,正虑其执此而废彼也。(《竹窗随笔·广览》)

> 析理不得不严为辨别,入道不得不务有专门。然而执己为是,概他为非,又不可也。此在昔已然,于今尤甚。执一家者,则天台而外无一人可其意;而执简便者,又复诋天台为支离穿凿,非佛本旨。执理性者,则呵念佛为着相;而执净业者,又复但见不念佛人便目之曰外道。乃至执方山者,病清凉分裂全经;执持咒者,疑显教出后人口。如斯之类,种种未易悉数。矛盾水火,互相角立。坚壁固守,牢不可转。吾深慨焉。奉劝诸仁者,曷若各舍其执,各虚其心,且自研究至理,以悟为则。大悟之后,徐而议之未晚也。(《竹窗二笔·人患各执所见》)

这是何等明透通达的见解，他等观各方，绝没有一点偏执。然而终必以念佛为归者，见解不可不圆通，而工夫不可不专一也。他屡讲"学贵精专"，并且说：

> 人恒病执着，然亦不可概论。良由学以好成，好之极名着。羿着射，辽着丸，连着瑟，与夫着奕者至屏帐垣牖皆森然黑白成势，着书者至山中木石尽黑，学画马者至马现于床榻间，夫然后以其艺鸣天下，而声后世。何独于学道而疑之？是故参禅人至于茶不知茶，饭不知饭，行不知行，坐不知坐，发箧而忘扃，出厕而忘衣；念佛人至于开目闭目，而观在前，摄心散心而念恒一，不举自举，不疑自疑，皆是也。良由情极志专，功深力到，不觉不知，忽入三昧。亦犹钻燧者钻之不已而发焰，炼铁者炼之不已而成钢也。所恶于着者，谓其不知万法皆幻，而希果之心急；不知一切唯识，而取相之意深，是则为所障耳。概虑其着，而悠悠荡荡，如水浸石，穷历年劫，何益之有？是故执滞之着不可有，执持之着不可无。（《竹窗二笔·执着》）

他竟然认为执着也是不可无的。他以为"入道不得不务有专门"。各随方便，任走一门，都可入道。所以念佛者自念佛，参禅者自参禅，讲《华严》者自讲《华严》，讲天台者自讲天台，不相非，不相袭，而也不必相兼，只在掘出泉，不宜徒多弃井也。他所重的是实修实悟。念佛固然要切实下工夫，即参禅也得切实地参，不是可以随便掉弄玄虚的。他说：

予未出家时，乍阅宗门语，便以情识模拟，与一座主书，左纵右横，座主惮焉。出家数年后，重会座主于一宿庵，劳问间，见予专志净土，语不及宗，蘧然曰："子向日见地超卓，今反卑近，何也？"予笑曰："谚有之：'初生牛犊不畏虎。'识法者惧，君知之乎？"座主不答。（《竹窗随笔·谈宗》）

古人大悟之后，横说竖说，正说反说，显说密说，一一契佛心印，皆真语实语，非庄生寓言比也。今人心未妙悟，而资性聪利，辞辩捷给者，窥看诸语录中问答机缘，便能模仿，只贵颠倒异常，可喜可愕，以眩俗目。如当午三更、夜半日出、山头起浪、海底生尘，种种无义味语，信口乱发。诸无识者莫能较勘，同声赞扬。彼人久假不归，亦谓真得。甚至"一棒打杀与狗子吃"、"这里有祖师么，唤来与我洗脚"，此等处亦得无忌惮，往往效颦。吁！妄谈般若，罪在不原，可畏哉！（《竹窗二笔·宗门语不可乱拟》）

宗门答话有所谓无义味语者，不可以道理会，不可以思惟通故也。后人以思惟心强说道理，则愈说而愈远。岂惟谬说，直饶说得极是，亦只是鹦鹉学人语而已。圆悟老人曰："汝但情识意解，一切妄想都尽，自然于这里会去。"此先德已验之方，断非虚语，吾辈所当深信而力行者也。（《竹窗二笔·无义味语》）

先德开示学人，谓我今亦不论你禅定智慧、神通辩才，只要你下一转语谛当。学人闻此，便昼夜学转语。错了也！既一转语如是尊贵，如是奇特，则知定不是情识卜度见解依通所可袭取，盖从真实大彻大悟中自然流出者也。

如其向经教中,向古人问答机缘中,以聪明小智模仿穿凿,取辨于口,非不语句尖新;其实隔靴抓痒,直饶一刹那下恒河沙数转语,与自己有何交涉?今莫管转语谛当不谛当,且抛向不可说世界之外;只牢守本参,密密用心,时时不舍;但得悟彻时,岂愁无语?吾虽钝根,不敢不勉。(《竹窗二笔·一转语》)

这样讲参禅,全是实在工夫,绝非口头三昧之比。他又教人切实研究经典,并且必须读论疏。他说:

有自负参禅者,辄云达磨不立文字,见性则休。有自负念佛者,辄云止贵直下有入,何必经典。此二辈人,有真得而作是语者,且不必论,亦有实无得所而漫言之者,大都不通教理,而护惜其短者也。予一生崇尚念佛,然勤勤恳恳劝人看教。何以故?念佛之说,何自来乎?非金口所宣,明载简册,今日众生何由而知十万亿刹之外有阿弥陀也?其参禅者,藉口教外别传,不知离教而参,是邪因也;离教而悟,是邪解也。饶汝参而得悟,必须以教印证,不与教合悉邪也。是故学儒者,必以六经四子为权衡;学佛者,必以三藏十二部为模楷。(《竹窗随笔·经教》)

如来说经,而菩萨造论,后贤制疏,皆所以通经义而开示众生,使得悟入,厥功大矣。或乃谓佛所说经,本自明显,不烦注释;以诸注释,反成晦滞。于是一概拨置,无论优劣,无论凡圣,尽以为不足观。此其说似是而非。何者?不信传而信经,是亦知本。但草忽卤莽,以深经作浅解,则其失非细。是盖有心病二焉：一者懒病,二者狂病。懒则惮于博究,疲于精思,惟图省便,不劳心力故。狂则上轻古德,下蔑今人,惟恣胸臆,自用自专故。新学无智,靡然乐从。予实悯之,为此苦口。(《竹窗二笔·论疏》)

这种论调简直和清儒尊重汉唐注疏经学即理学之说如出一口,最可表现时代精神。更可玩味的是他也不满意李卓吾,如云：

卓吾超逸之才,豪雄之气,吾重之。然可重在此,可惜亦在此。夫人具如是才气,而不以圣言为量,常道为凭,镇之以厚德,持之以小心,则必好为惊世矫俗之论以自愉快。……乃至以秦始皇之暴虐为第一君,以冯道之失节为大豪杰,以荆轲、聂政之杀身为最得死所,而古称贤人君子者,往往反摘其瑕类,甚而排场戏剧之说,亦复以《琵琶》、《荆钗》守义持节为勉强,而《西厢》、《拜月》为顺天性之常。噫!《大学》言："好人所恶,恶人所好,灾必逮夫身。"卓吾之谓也。惜哉!(《竹窗三笔·李卓吾》)

卓吾负子路之勇,又不持斋素而事宰杀,不处山林而游朝市,不潜心内典而著述外书,即正首丘,吾必以为幸而免也。(同上)

由此可知云栖态度之严正。在《遗稿》卷三中还有一篇《答周海门少参》,反覆辩驳海门"无善无恶"之说,而断然主张"止恶行善"。其结尾道：

近世挥麈谈禅者率多其人，实证实悟者希得一二。实则古人垂一则语，彻上彻下。只如"诸恶不作，众善奉行"，浅言之，则仅仅避恶名行善，三家村里守分良民亦如是；极言之，则纤恶净尽，万善周圆，天中天，圣中圣，如来世尊亦如是。若定执止恶行善为示钝根，拈吹布毛为示利根，则悟矣。

这不是分明和东林诸子的意见相通了么？他论持戒道：

因戒生定，因定发慧。……戒之时义大矣哉！戒有多种：优婆塞五戒，沙弥十戒，比邱二百五十戒，菩萨十重四十八轻戒，乃至三千威仪八万细行。而约其大纲，则五戒为根本。儒家亦时言戒，戒虽未备，而默与佛制合。……但儒之戒疏，佛之戒密。……（《遗稿》卷三《答孙无高居士广抑》）

云栖是最重戒律的。他特别阐扬《梵纲经》等讲戒律的书。在他的寺中，有《共住规约》，起居饮食，极细微地方，都严立科条，切实执行。他个人的生活，严肃清苦，力避纷华。用儒家的话说，真可谓之经明行修。他对于僧侣的习"外学"与"杂术"，表示反对。他严守佛家立场，对于良知一类似禅非禅的话头，都辨析毫厘，务使儒自儒，佛自佛，不相混淆。方则极方，圆则极圆；而且即方为圆，即圆为方。谨严平实而又博大精微，这可以算是云栖所特有的风格。

（二）紫柏大师

名真可，字达观，晚号紫柏，俗姓沈，吴江人。生于嘉靖二十二年（1543），卒于万历三十一年（1603），寿六十一岁。自幼魁杰雄猛。年十七，即仗剑出游。至苏州，阻雨。虎邱僧明觉偶与相值，异其貌，因留宿寺中。闻僧夜诵八十八佛名，大悦。明晨，遂请僧剃发为弟子。时明觉欲化铁万斤，造大钟。紫柏即毅然自任，径往平湖巨室门外趺坐，卒化铁如所需而归。闭户读书，年半不越阈。在武塘景德寺掩关者三年。后行脚诸方，历参知识。一日，闻僧诵张拙见道偈，至"断除妄想重增病，趋向真如亦是邪"，即语僧曰："错也。常云：方无病，不是邪。"僧云："你错他不错。"紫柏大疑，每至处，书二语于壁间，至头面俱肿。一日斋次忽悟，头面立消。自是凌跞诸方。尝曰："使我在临济德山座下，一掌便醒，安用如何如何。"每念《大藏》卷帙重多，致遐方僻陬有终不闻法名字者，欲刻方册，使易流通。遂倡议募化，初刻于五台，后移于径山，数年始竣事，即世所传《径山藏》也。平生与憨山大师最相契，曾相约修《明朝传灯录》，及兴复曹溪法脉。及憨山以事谪戍雷阳，紫柏深为痛心，眷念不已。又疾矿税害民。每叹曰："老憨不归，我出世一大负；矿税不止，我救世一大负；传灯未续，我慧命一大负。若释此三负，当不复走王舍城矣。"万历三十一年，在京师。忽妖书事起，震动中外。时相沈一贯欲借以陷沈鲤及郭正域，多所株连，紫柏亦被逮，死狱中。自始出家，四十余年，胁不至席。心慈面冷，不以道法徇人情。求人如苍鹰攫兔，一见即欲生擒。凡入室不契者，心愈慈而恨愈深，一棒之下，直欲顿断命根，故人多畏之。其见地直捷稳密，憨山以为"足可远追临济，上接大慧之风"。其塔铭有云："是生吾师，如石迸笋。出则凌霄，孰知其本。为法力战，通身汗血。大似李陵，空拳不怯。身虽陷虏，其心不亡。千秋之下，毕竟归王。"可想见其孤军拔起为法奋斗之精神矣。憨山又为作《像赞》曰：

> 法界网裂，其维不张。适生大师，力振其纲。踞狮子窟，斫旃檀树。奋迅未伸，爪牙已露。击涂毒鼓，酾甘露浆。饮之者醉，耳之者狂。寂灭性空，轰霹雳舌。奔雷卷电，触者褫魄。以大地心，竖金刚骨。眼里有筋，胸中无物。临济不死，黄檗犹生。谁知大师，不受其名。大方阔步，不存轨则。翻身掷过须弥峰，一拳槌碎无生国。

读此文真觉虎虎有生气。大概说来，紫柏可算是晚明佛学界一个怪杰，比之云栖，另是一格。他不像云栖那样淳谨，高蹈远引，绝迹朝市纷华是非之场；而是栖栖皇皇，阔步长驱，到处大活动的。他所以遭祸，也正由于此。然而他不顾那些。当他被逮后，语人道：

> 达朽既被逮矣。有世智辨聪辈愤然谓余曰："和尚厌离尘界，宜修然无累。何载遭白简，犹恋恋京师，致今日之苦耶？"曰："檀越以何物为尘界，何物为苦乎？深山大泽，虎豹龙蛇居焉。蛇虎未尝不苦人也。然探渊者则得珠，凿山者则获璧，是见珠璧之为利，未尝知有龙蛇虎豹也。吾诸大乘沙门，以利济为事。方冒难以救援，安知尘劳之可出。无上大宝，失之于穷子。方矢浩劫以追求，乌知分段之可惜。特患衣珠之喻未喻耳，不患衣之频易也。

朽乘此解脱其躯壳,岂但解脱鹄臭弊衣乎?内衣之珠,不假外得,夫何苦哉?檀越言苦,异乎朽之为苦矣。"(《被逮答檀越》)

一心一意,全副精神,都在利济救援追求大宝上,不见有尘劳,不见有危难,不见有生死。旁人看着他遭祸受苦,他并不自知其为苦与祸也。这真是大菩萨心行,真是法门中的忠臣、义士、烈丈夫。我们看《紫柏集》,随处都见得他满腔热诚,淋漓痛切,恨不得一下子教人都成佛。有些人当不起他这种热切期待,反而觉得他难与相处,其实他完全是一片救世度人热心肠。他的风格虽和云栖不同,但其实修实悟真切为性命的精神,完全一样。他指出学佛的七大错,其前四项为:

> 一者,以为禅家古德机缘可以悟道,悟道断不在教乘上。我且问你:安禅师读《楞严》破句悟道,永嘉看《维摩经》悟道,普庵肃禅师、英邵武,皆读《华严》悟道。你谓惟禅家机缘可悟道,教乘不可悟道,岂非大错?二者,以为知见理路,障自悟门。道不须从眼耳入,须一切屏绝,直待冷灰豆爆,发明大事,始为千了百富,一得永得。我且问你:当世黑白中谁是有知见理路者?你若果检点一个半个出,我也不管他悟道不悟道,敢不惜之,只恐亦不多得。一日,王介甫问蒋山元禅师曰:教外别传,可得闻乎?元曰:公有障,且以教海资茂灵根,更一两生来乃可耳。今人去介甫远甚,尚未解爬先学走,岂非大错?三者,以为念佛求生净土,易而不难,比之参禅看教,惟此着子最为稳当。我

且问你：净土染心人生耶？净心人生耶？半净半染人生耶？全净心人生耶？若染心人可生净土，则名实相乖，因果离背；若半染半净生净土者，吾闻古德有言，若人临终之际，有芥子许情识念娑婆世，断不能生净土；若全净心生者，心既全净，何往而非净土，奚用净土为？如是以为念佛一着予能胜参禅看教，岂非大错？四者，有等瞎公鸡，闻真鸡啼、假鸡啼，皆仿效作种种声，以为动念即乖本体，思量便落鬼家活计，况复有言乎？我且问你，此等见识，为是解？为是行？解则何乖动念？何病思量？古人有五斗米饭熟后方能酬一转语，亦不乖本体，诸大禅老皆许其悟彻。又曰：思之思之，鬼神将通之。非鬼神通之，心开而明也。思量何伤？观音闻、思、修三慧熏化一切，你偏以为病，岂非大错？（《紫柏尊者全集》卷三）

这里所说，第一项是专讲禅家机缘而不读经，第二项是专期顿悟屏绝见闻，第四项是不要思量动念，这都是学禅者的毛病；第三项是专持念佛一着，以为最稳便，胜过参禅看教，这是学念佛者的毛病。关于念佛一层，紫柏所说似乎和云栖颇有出入，但实际上是言各有当。云栖生怕人流于狂禅，故摄归念佛一路；紫柏却又怕人把念佛看作一桩便宜买卖也。不管参禅与念佛，讨便宜都不行。经是不可不读的，戒律是不可不持的。总而言之，必须切实做工夫。在这一点上，紫柏和云栖完全一致。他认定闻、思、修都不可少。如云：

　　堪忍众生之机，苟不以闻、思、修三慧熏发之，则其佛

知见终不能开矣。或谓德山临济之徒,未闻其以闻、思、修
三慧使人开佛知见也。若其所用棒如雨点,喝如雷霆,使
当机者于一念不生未入阴界之地,神而明之而已。若必以
三慧熏发之,而当机然后开佛知见者,恐三慧于未入阴界
之初无地可着耳。此乃知其终而不知其始者也。昔汾阳
昭禅师,有问鸟窠之侍者何以见鸟窠吹衣毛而即大悟耶?
昭以偈应之曰:"侍者初心发胜缘,寻师访友为参禅。鸟窠
知是根机熟,吹毛当下得心安。"如以汾阳此偈观之,则此
侍者于多劫之中,不以百千诸佛所藉闻、思、修三慧熏发之
久,未必一吹布毛而狂心顿歇也。且久则熟,熟则化。于
将化之时,乘其化而发之,譬如箭锋相值,岂巧力之所能预
哉? 夫巧力不能预之地,不惟闻、思、修无所着处,即云门
干屎橛与圆通死猫头,亦无着处也。予故曰:知其终而未
知其始者也。如知之,则不疑临济德山之棒喝与夫闻、思、
修三慧有所相悬者也。(《全集》卷二)

一顿棒喝,大彻大悟,岂不直捷痛快? 无奈没有这样便宜事。
有许多看似"顿"的实际上也都由"渐"而来。熏发之久,既熟
而化。乘其将化,一点便成。于是死猫头、干屎橛,都具妙用。
人但见其末后的效验,而不知其当初下过工夫也。把临济德山
之棒喝,与观音闻、思、修三慧等量齐观,直是极通透的见解。
他认为悟道有种种因缘,如云:

以相好为缘因者,如观德人之容而鄙吝自消之类是
也。以音声为缘因者,如一言之下心地开通之类是也。又

以圣教为缘因,大善知识为缘因,善友法侣为缘因,以逆境为缘因,以顺境为缘因,或以精进勇猛,剥皮为纸,析骨为笔,刺血为墨,写大乘圣典为缘因。故曰:佛种从缘起。

(《全集》卷四《示法灯居士刺血书金刚经》)

入道有多门,如何能拘定一格? 他论行脚道:

古之成大器于当世者,无一人不从行脚中来也。若不遍游知识之门,历炼钳锤之下,而欲成器者,未之有也。虽然,未必常行而不住,亦未必常住而不行。但当行则行,当住则住。其当行者,或饱食闲居,恣情肆欲,不行而住其可乎? 其当住者,或逢辣手师承,真正道友,不住而行其可乎? ……如或虽欲行脚,求心不息,缘念纷然,今日某州,明日某县,奔南走北,目盼心驰,至于白首,终无所成。……

(《全集》卷四《示慈航运侍者》)

他强调行脚的重要,可见其多方磨练不落偏枯处。但同时又认定行脚、住山各有其用,他把这事完全看活了。云栖《竹窗随笔》中有讲"行脚住山"的好几条,与此所论正同。他们都能观其会通,而不拘于方隅。顾大韶跋《紫柏集》道:

最可敬者,不以释迦压孔老,不以内典废子史,于佛法中不以宗压教,不以性废相,不以贤首废天台。盖其见地融朗,圆摄万法,故横口所说,无里碍,无偏党,与偎墙倚壁随人妍蚩者大不侔矣。

这话很确当。试看紫柏说：

> 性宗通而相宗不通，则性宗所见犹未圆满；通相宗而
> 不通性宗，则相宗所见亦未精察。性相俱通，而未悟达磨
> 之禅，则如叶公画龙，头角望之非不宛然也，欲其济亢旱兴
> 雷雨断不能焉。(《别集》卷一《前五识略解》)

这是他融通性与相，又融通性相和禅的明证。在这里虽然好像
他特别尊重禅宗，但是如果你再看他许多尊重文字般若，尊重
闻、思、修的地方，又将使你茫然自失。事实上他对于宗和教并
没什么偏重的。他融通三教的话也很多，但仍是确守佛家的立
场，和云栖并没很大差异。最有意义的是：

> 凡学佛，性宗通而相宗不通，常迷于相似般若路
> 头。……于相似般若路头不辨清楚，不免牵诸外典，附会佛
> 书。且性宗一味虚豁灵澈，尘劳中人稍抲波澜，怀抱便觉
> 超放。即如读《庄子》一般，令人心魂游扬浊世之表。于此
> 虚豁快活处受用了。若以为极则永不求进，凡见善知识敲
> 打处便以为生事，此病不消，到底成天然外道去也……震
> 旦国中自昔以来，每有窃谓佛经皆是抽绎《庄》、《老》、六
> 经，自成一家。如此等人，若使其于相宗中讨个分晓，何至
> 失言如此，取后人之笑。(《全集》卷七《示门人》)

这种见解，真是深刻精到，卓绝千古，一扫中国学者向来虚骄
自大、笼统汗漫之习。云栖《竹窗随笔》中有"华严不如艮卦"

一条：

> 宋儒有言："读一部《华严经》，不如看一艮卦。"此说
> 高明者自知其谬，庸劣者遂信不疑。开邪见门，塞圆乘路，
> 言不可不慎也。假令说读一部《易经》不如看一艮卦，然且
> 不可，况佛法耶？况佛法之《华严》耶？

此与紫柏所讲同一快论。真知灼见者，固不作模糊影响之谈
也。紫柏和云栖，表面上，一禅一净，一雄猛一稳健；然而讲到
实地，则英雄所见往往略同。紫柏亦极重戒律。他的涉足朝
市，他的遭遇横祸，虽有似乎李卓吾，但实际上不能相提并论。
试看他批评卓吾自杀事及其与耿天台学术异同处，就知道紫柏
见地之精卓，立身之严肃，决非卓吾一辈人所能及了。

（三）憨山大师

名德清，俗姓蔡，全椒人。生于嘉靖二十五年（1546），卒于
天启三年（1623），寿七十八岁。年十二，辞亲入报恩寺。十九，
礼栖霞云谷大师，剃发受戒。二十六，北游。至京师，参遍融、
笑严二老。居五台八年，得自在三昧。三十八，遁迹东海之牢
山，建海印寺，施教者十三年。五十，因黄冠诬奏，逮赴诏狱，寻
谪戍岭南。因入曹溪，大振六祖法脉，号称中兴，得偿其与紫柏
共同这宿愿焉。七十一，至庐山五乳峰。居数年，仍返曹溪以
终。钱牧斋序其《梦游集》云：

> 大师与紫柏尊者，皆以英雄不世出之资，当狮弦绝响
> 之候，舍身为法，一车两轮。紫柏之文雄健而斩截，大师

之文纤馀而悲婉，其为昏涂之炬火则一也。昔人叹中峰辍席，不知道隐何方；又言楚石季潭而后，拈花一枝几熄。由今观之，不归于紫柏、憨山而谁归乎？后五百年，魔外锋起。笃生二匠，为如来使，佩大法印，燃大法灯，殆亦儒家所谓名世间出者。粻贩剽贼之徒，往往篡统系，附师承，窃窃然为蚍蜉之撼树。夫师之集行，如日轮当阳，魑魅敛影，而厌斯寐者犹懵而未寤也。

憨山与紫柏为生死患难中的出世知己，都是"名世间出"中兴禅门的大豪杰，其风格抱负极相类似。试看憨山自述云：

> 余少读史，窃慕程婴、公孙杵臼之为人。念曰："持此心为人臣子者，可谓不忝所生矣。"及长出家，乃曰："吾佛为三界法王，四生慈父，苟能持二子之必为弟子者，可谓不负己灵矣。"及读传灯诸祖机缘，见神光之断臂，船子之覆舟，百丈之于马祖，杨岐之于慈明，叹曰："苟能忘身为法，若诸老之为心者，何患祖道之不昌，法门之不振乎？"嗟夫！丈夫处世，既不能尽命竭力，以事人主，荣名显亲，即当为法王忠臣，慈父孝子，易地皆然，又何屑屑以事龌龊乎？（《梦游集》卷二《促小师大义归家山侍养》）

他以佛门的忠臣孝子自许，后来钱牧斋也正是拿程婴、杵臼、田光、贯高一流人来比拟他。在这一点上，他和紫柏实在是同样精神。讲到参禅，他说：

古德教人参禅做工夫,先要内脱身心,外遗世界,一切放下,丝毫不存。单提一则公案话头,如"赵州狗子还有佛性也无",州云"无"或"万法归一,一归何处";或审实"念佛的是谁",随举一则,横在胸中。如金刚王宝剑,将一切思虑忘想,一齐斩断,如斩乱丝。内不容出,外不容入。把断要津,筑塞咽喉,不容吐气。如此着力,一眼觑着,这提话头的毕竟是个什么? 如此下疑,疑来疑去,疑到必如墙壁一般,再不容起第二念。才有忘想潜流,一觑觑见,便又极力提起话头,再下疑情。又审又疑,将此疑团扼塞之,心念不起,忘想不行时,正是得力处。如此靠定,一切行住坐卧,动静闲忙中,咬定牙关,决不放舍。乃至睡梦中,亦不放舍,惟有一念话头,是当人命根,如有气死人相似。如此下毒手撕挨,方是个参禅用工之人。用力极处,不计日月,忽然冷灰豆爆,便是大欢喜的时节。若悠悠任意,一暴十寒,恐终无得力时也。(卷六《示嵩璞恩山主》)

这样讲工夫,何等紧切有力。然而憨山和紫柏一样,也是"不以宗压教"的。如云:

佛祖一心,禅教一致。宗门教外别传,非离心外别有一法可传,只是要人离却语言文字,单悟言外之旨耳。今参禅人动即呵教,不知教诠一心,乃禅之本也。但佛说一心,尚迷悟两路说透;宗门直指一心,不属迷悟,要人悟透。其实究竟无二。(卷六《示径山堂主幻有海禅人》)

从上诸祖教人参禅,虽有超佛越祖之谈,其实要人成

佛作祖耳，未有欲求作佛祖而不遵佛祖之言教者。舍教而
言修行，是舍规矩而求方圆也。(卷八《示六如坤公》)

这是他的禅教一致论。憨山又极力融通三教。他著有《大学决
疑》《观老庄影响论》《道德经解发题》及《三教图赞》等文。
他判定："孔子为人乘之圣，老子为天乘之圣，佛为能圣能凡能
人能天之圣。"又谓："不知《春秋》不能涉世，不知老庄不能忘
世，不参禅不能出世。"他既认为佛"未尝以一实法与人"，又认
为佛"不灭一法而只破其执"。根据这种观点，即令是外道，只
要不执，都有可取；即令是佛法，一有所执，便须排除。最耐寻
味的是他论用老庄语讲佛法的一段话。他说：

间尝私谓：中国去圣人，即上下千古，负超世之见者，
去老，惟庄一人而已。载道之言，广大自在，除佛经，即诸
子百氏，究天人之学者，惟庄一书而已。藉令中国无此人，
万世之下，不知有真人；中国无此书，万世之下，不知有妙
论。盖吾佛法广大微妙，译者险辞以济之，理必沈隐，如
《楞伽》是已。是故什之所译称最者，以有四哲为之辅佐
故耳。观师有言："取其文不取其意。"斯言有由矣。设
或北方有过老庄之言者，肇必含此而不顾矣。由是观之，
肇之经论用其文者，盖肇宗法华，所谓善说法者，世谛语言
资生业等皆顺正法，乃深造实相者之所为也。圭峰少而宗
镜远之者，孔子作《春秋》，假天王之令而行赏罚，二师其操
法王之权而行褒贬欤？清凉则浑融法号，无可无不可者，
故取而不取，是各有所主也。故余以法华见观音三十二

应，则曰应以婆罗门身得度，即现其身而为说法。至于妙庄严二子，则曰汝父信受外道，深着婆罗门法，且二子亦悔生此邪见之家，盖此方老庄，即西域婆罗门类也。然此刚为现身说法，旋即斥为外道邪见。何也？盖在着与不着耳。由观音圆通无碍，则不妨现身说法；由妙庄深生执着，故为外道邪见。是以圣人教人，但破其执，不破其法。是凡执着音声色相者，非正见也。(《观老庄影响论》中《论去取》节)

这段理论极为精辟。原来鸠摩罗什门下，生、融、肇、睿，皆能用老庄语言表达佛理，什公所译诸经，得他们润色，故文特华妙。后来清凉作《华严疏》，极推尊肇公，而多引老庄文句，谓"取其文不取其意"。这都是融会老庄与佛法的。但是另一方面，如圭峰、宗镜，却毫不客气，明斥老庄为外道。憨山对此问题，看得极为圆通。他一方面明说老庄为婆罗门一类的外道，但同时却又说即婆罗门亦未尝不可取，只看你执着不执着耳。欲讲佛法于中国，必不能不假手于老庄，因此土讲道之书，只有老庄为最高，过乎此，则与其文化传统脱了节，非此土人所能接受消化也。方便随缘，这才见得佛法之广大圆融。现在许多人提倡学术中国化，对于憨山这种言论是应该深切注意的。一班儒者常以枯槁寂灭攻击佛家，他加以辩解道：

世之士绅有志向上留心学佛者，往往深思高举，远弃世故，效枯木头陀，以为妙行。殊不知佛已痛呵此辈，谓之焦芽败种，言其不能涉俗利生。此正先儒所指虚无寂灭者,吾佛早已不容矣。佛教所贵在乎自利利他,乃名菩萨。梵语菩萨,此云大心众生。以其能入众生界,能断烦恼,故得此名。菩萨舍世间无可修之行,舍众生无断烦恼之具。……且佛制五戒,即儒之五常。不杀,仁也;不盗,义也;不邪淫,礼也;不饮酒,智也;不妄语,信也。但从佛口所说,言别而义同。今人每发心愿,持佛戒,乃自脱略其五常,是知二五而不知十也。(卷五《示袁大涂》)

这是一种儒佛一致论。自然,从憨山看来,佛法广大深微,儒学也应该为他所包容的。最值得注意的倒是下面一段话:

原夫即一心而现十界之像,是则四圣六凡皆一心之影响也。岂独入天为然哉? 究论进修阶差,实自人乘而立。是知人为凡圣之本也。故裴休有言曰:"鬼神沈幽愁之苦,鸟兽怀猬狄之悲,修罗方瞋,诸天耽乐。可以整心虑,趣菩提,惟人道为能耳。"由是观之,舍人道无以立佛法,非佛法无以尽一心。是则佛法以人道为锭基,人道以佛法为究竟。故曰"菩提以缘,缘苦众生;若无众生,则无菩提",此之谓也。所言人道者,乃君臣父子夫妇之间,民生日用之常也。假而君君臣臣,父父子子,不识不知,无贪无兢,如幻化人,是为诸上善人俱会一处,即此世界为极乐之国矣。又何庸夫圣人哉? 奈何人者因爱欲而生,爱欲而死。其生死爱欲者,财色名食睡耳。由此五者,起贪爱之心,构攻斗之祸,以致君不君,臣不臣,父不父,子不子,虽先王之赏罚,不足以禁其心,适一己无厌之欲,以结未来无量之苦。是以吾佛愍之曰：诸苦所因，贪欲为本，若灭贪欲，无所依止。故现身三界，与民同患，乃说离欲出苦之要道耳。且不居天上而乃生于人间者，正示十界因果之相皆从人道建立也。……嗟乎！吾人为佛弟子，不道吾佛之心；处人间世，不知人伦之事。与之论佛法，则笼统真如，颟顸佛性；与之论世法，则触事面墙，几如梼昧；与之论教乘，则曰：枝叶耳，不足尚也；与之言六度，则曰：菩萨之行，非吾所敢为也；与之言四谛，则曰：彼小乘耳，不足为也；与之言四禅八定，则曰：彼外道所习耳，何足齿也；与之言人道，则茫不知君臣父子之分，仁义礼智之行也。(《观老庄影响论》中《论行本》节）

他竟然大放厥词，讲起人道来了，竟然以人为中心了。这样一来，几乎要从佛转向于儒了。且不管憨山本意如何，我们对于儒佛问题倒由此可以得到某些暗示。憨山又极力提倡念佛。他说：

　　近世士大夫，多尚口耳，恣谈柄，都尊参禅为向上事，薄净土而不修，以致吾徒好名之辈，多习古德现成语句，以资口舌便利。以此相尚，遂到法门日衰。不但实行全无，且谤大乘经典为文字，不许亲近，世无明眼知识，卒莫能回其狂澜，大可惧也。大都不深于教乘，不知吾佛度生方便多门归源无二之旨耳。世人但知祖师门下，以悟为上。悟心本意，要出生死。念佛岂不是出生死法耶？（卷八《示西印净公专修净土》）

佛法修行出生死法，方便多门，惟有念佛求生净土最为捷要。如《华严》《法华》圆妙法门，普贤妙行，究竟指归净土。如马鸣龙树，及此方永明、中峰诸大祖师，皆极力主张净土一门。此之法门，乃佛无问自说，三根普被，四众齐收，非是权为下根设也。(卷九《示修净土法门》)

自教流此土，古今依奉修行者，有禅与教两门，人人共由。禅者传灯诸祖，真实了悟自心，其下手工夫，则单提话头参求，直至明见自心而后已。此独彼上根人，一超直入，又须善知识时时调护提撕，方得正路，在昔王臣，亦有能者，盖不多见。是乃出家人易为行耳。今大王尊居深密，不易接见善知识，故不敢以此劝进。其有依教修行，昔有天台智者大小止观，乃成佛要门。其大止观文繁，难于理会。其小止观虽简易，其实要说解明白而下手安心，亦不易入。即能知能行，亦难得亲切。日用现前境界逆顺处多用不上，况末后大事乎？此法亦非大王所易行者，亦不敢进。今独有佛说西方净土一门，专以念佛一事为要，以观想正境为正行，以诵大乘经为引发，以发愿为趣向，以布施为福田庄严。此实古今共由，不论贵贱智愚，俱能真实下工夫。故万人修行，万人效验，愿大王留意焉。(卷十《答德王问》)

书中这一类话甚多，不必赘述。在这一点上，憨山和云栖完全是一样的。大概憨山这个人，其慷慨磊落处类紫柏，其健实明练处又类云栖。三位大师，一时鼎足而立。其微言至论，宏通博辨，多非当时儒者所能及。而其辟浮说，挽狂澜，真切笃实，鞭辟近里,实与王学修正派表现同样的时代精神。

（四）蕅益大师及湛然、密云、法藏等

蕅益名智旭,晚号灵峰,俗姓钟,吴县人。生于万历二十六年（1598）,卒于清顺治十一年（1654）,寿五十七岁。年十七,读云栖《竹窗随笔》,大有感悟。二十四,梦受教于憨山,欣然慕之。以道远未能往学,乃依憨山弟子雪岭出家。其后历往温陵、漳州、石城、晟溪、长水、新安,而归老于灵峰。著述数十种,于教、律、禅、净皆有贡献。其《阅藏知津》四十八卷,实为佛书目录学中之名著。其注《梵纲经》,以天台为宗,于天台著述研究特深。故死后其弟子公议以之继续幽溪大师无尽灯之系统,而开出后来清代天台宗之灵峰派。但据蕅益自言:"愿作台宗功臣,不愿作台宗后嗣。"可见其不以一宗学者自居也。钱牧斋称之云:

> 呜呼!今世宗师座主,踞曲盏床,建大法幢者,多矣。孰有千经万论,如水泻瓶,横心横口,信心信口,横说竖说,具大辩才,如道人者乎?孰有持木叉戒,水青玉栗,虽复白刃穴头,飞铁灼身,断不肯毁缺针鼻,如道人者乎?孰有笃信大乘最上乘法门,破斥第二义谛,不游兔径,不内牛迹,不乘羊鹿二车,如道人者乎?其立论以为随机羯磨出而律学衰,指月录盛行而禅教坏,四教仪流传而台宗昧。举世若教,若律,若禅,无不指为异物,嫉若仇雠。道人坦怀当之,攒锋集矢,无可引避。昔者,宋人论洪觉范曰:"宁我得罪于先达,获谤于后来,而必欲使汝与闻之。于佛法与救鸽饲虎等,于世法程婴、公孙杵臼、田光、贯高之用心也。"

> 吾尝谓紫柏、海印（即憨山）二老后，道人殆庶几不愧此
> 语。呜呼难哉！（《书藕益道人自传后》）

读此文可以想见藕益为法奋斗之精神，及其宏通博辨之学识。
以之继承三大师后，实在无愧。他认定，"禅为佛心，教为佛语，
律为佛行"，三者不可偏废。他说：

> 心外无法，祖师所以示即法之心；法外无心，大士所
> 以阐即心之法。并传佛命，觉彼迷情。断未有欲弘佛语，
> 而可不深究佛心；亦未有既悟佛心，而仍不能妙达佛语者
> 也。今之文字阿师，拍盲禅侣，竟何如哉？呜呼！吾不忍
> 言之矣。昔世尊示入涅槃，初祖大迦叶即白众云："如来舍
> 利，非我等事，今者宜先结集三藏，勿令佛法速灭。"嗟嗟！
> 倘三藏果不足传佛心，则初祖何以结集为急务耶？窃谓禅
> 宗之有三藏，犹奕秋之有棋子也；三藏之须禅宗，犹棋子之
> 须活眼也。均一棋子也，善奕者则着着皆活，不善奕者则
> 着着皆死。均此三藏也，知佛心者则言言皆了义，不知佛
> 意者则字字皆疮疣。若为惩随语生见，遂欲全弃佛语，又
> 何异因噎废食哉？（《阅藏知津叙》）

这样融通禅与教，极为透快，把不读书和死读书两方面的毛病都
解除了。他著《周易禅解》，其序文说：

> 藕益子结冬月台。禅诵之余，持韦编而笺释之。或问
> 曰："子所解者是《易》耶？"余亦应之曰："然。"复有视

而问曰："子所解者非《易》耶？"余亦应之曰："然。"又有视而问曰："子所解者亦《易》亦非《易》耶？"余亦应之曰："然。"更有视而问曰："子所解者非《易》非非《易》耶？"余亦应之曰："然。"侍者闻而笑曰："若是乎堕在四句中也。"余曰："汝不闻四句皆不可说，有因缘故四句皆可说乎？因缘者，四悉檀也。人谓我释子也，而亦通儒，能解《易》，则生欢喜焉。故谓是《易》者，吾然之。世界悉檀也。或谓我释子也，奈何解《易》，以同俗儒？知所解之非《易》，则善心生焉。故谓非《易》者，吾然之。为人悉檀也。或谓儒释殆无分也，若知《易》与非《易》，必有差别，虽异而同，虽同而异，则笼统之病不得作焉。故谓亦《易》非《易》者，吾然之。对治悉檀也。或谓儒释必有实法也，若知非《易》，则儒非定儒；知非非《易》，则释非定释。但有名字，而无实性，顿见不思议理焉。故谓非《易》非非《易》者，吾然之。第一义悉檀也。"侍者曰："不然。若所解是《易》，则人将谓《易》可助出世法，或增益谤。若所解非《易》，则人将谓师自说禅，何尝知《易》，成灭损谤。若所解亦《易》亦非《易》，则人将谓儒原非禅，禅亦非儒，成相违谤。若所解非易非非易，则人将谓儒不成儒，禅不成禅，成戏论谤。乌见其为四悉檀也？"余曰："是固然。汝独不闻人参善补人，而气喘者服之立毙乎？抑不闻大黄最损人，而中满者服之立瘥乎？春之生育万物也，物固有遇春而烂坏者。夏之长养庶品也，草亦有夏枯者。秋之肃杀也，而菊有黄花。冬之闭藏也，而松柏青青，梅英馥馥。如必择其有利而无害者而后为之，天地恐亦不能无憾矣。

且佛以慈眼视大千,知群机已熟,然后示生,犹有魔波旬扰乱之,九十五种嫉妒之,提婆达多思中害之。岂惟尧舜称犹病哉？吾所由解《易》者,无他,以禅入儒,务诱儒以知禅耳。纵令不得四益而起四谤,如从地倒,还从地起。置毒乳中,转至醍醐,厥毒仍在。遍行为外道师,萨遮为尼犍主,意在斯也。"侍者再拜而谢曰："此非弟子所及也。请得笔而存之。"

他和憨山一样,融通儒佛,使佛法中国化。其剖析名理,剔透玲珑处,真不易得。我们读藕益的书,特别觉得爽利骏快,比之前述三大师又是一格。但其精神是同样宏伟,见解是同样明透的。

除上述四位大师外,尚有湛然圆澄,为曹洞宗的重要人物；密云圆悟,为临济宗的重要人物。他们声势都很隆盛,不愧为一时龙象。另有汉月法藏,名义上从密云承接临济系统,而实自树一帜。他著《五宗原》,其弟子弘忍著《五宗救》,大倡异说。当时密云极力驳斥他们,有《辟妄救略说》。后来清朝雍正帝更特著《拣魔辨异录》,并焚其著述,除其教籍,闹得像煞有介事的。这场公案究竟群情如何,此处且不赘述罢。

第七章　古学复兴的曙光

　　晚明是一个心宗盛行的时代。无论王学或禅学，都是直指本心，以不读书著名。然而实际上不是那样简单，每一个时代的思想界，甚至每一派思想的内部，常都是五光十色，错综变化的。在不读书的环境中，也潜藏着读书的种子；在师心蔑古的空气中，却透露出古学复兴的曙光。世人但知清代古学昌明是明儒空腹高心的反动，而不知晚明学者已经为清儒做了些准备工作，而向新时代逐步推移了。

　　试看上章所述云栖、紫柏、憨山、藕益诸大禅师，都是读书很多，主张博学广览。他们的禅教一致论，精神上直和后来顾亭林"经学即理学"之说相接近；虽然他们是讲佛家方面，而亭林是讲儒家方面的。特别是紫柏刻了一部《大藏经》，而藕益遍读全藏，著出一部在目录学上极有价值的《阅藏知津》。这种崇高宏博，读书空气的提高，不分明是古学复兴的征象么？当然，这种征象表现在各方面,并不限于佛家。

晚明时代以读书稽古著称的,有胡应麟、焦竑、陈第、方以智等,稍前则有杨慎、陈耀文,而王世贞亦颇有根柢。这些人除陈、方二氏外,虽都不免于"闻见杂博",但对于古学复兴运动都是很有关系的。大概杨、陈、王、胡,投间抵隙,相引而起,为一组;焦、陈同时而相交游,在某点上亦可并论;方氏最后,亦最特出,卓尔不群。我们且从这几家的学风上对当时古学运动作一鸟瞰罢。

杨升庵慎生当正嘉年间,最号博洽。所著《丹铅录》、《谭苑醍醐》等数十种,虽疏舛伪妄,在所不免,然读书博古、崇尚考据之风实从此启。其《古音丛目》、《古音猎要》、《古音略例》、《转注古音略》等,虽不如陈第之精粹,然引据繁富,实为后来研究古音者所取材。其言有曰:

> 夫从乳出酪,从酪出酥,从生酥出熟酥,从熟酥出醍醐,犹之精义入神,非一蹴之力也。学道其可以忘言乎?语理其可以遗物乎?故儒之学有博有约,佛之教有顿有渐。故曰:"多闻则守之以约,多见则守之以卓。寡闻则无约也,寡见则无卓也。"佛之说曰:"必有实际而后有真空。实则扰长河为酥酪,空则纳须弥于芥子。"以吾道而瓦合外道一也,以外道而印证吾道一也。(《谭苑醍醐序》)

他这个博约论极精切有力,实提倡一种新学风,一种新治学方法。他断然主张多闻多见,尚博尚实,和当时心学家所走路数显然不同。他又说:

葛稚川云："余抄掇众书，撮其精要。用功少而所收多，思不烦而所见博……"王融云："余少好抄书，老而弥笃。虽遇见瞥观，皆即疏记。后重览省，欢情益深。习与性成，不觉笔倦。"（据胡应麟考证此语出王筠而非王融）慎执鞭古昔，颇合轨葛、王。自束发以来，手所抄集，帙成逾百，卷计越千……（《丹铅别录序》）

抄书是考据的一种基本工夫。既要言必有征，就不能不博览，不能不抄书。所以后来顾亭林乃至有"著书不如抄书"之说。升庵此论足见其学风之所趋向。当时升庵的影响很大。如陈耀文，对他不服气，因特著《正杨》一书以攻击他。王世贞意见又不同，对于两家各有指摘。胡应麟的《丹铅新录》《艺林学山》，也是专为订正杨著而作。朱国桢《涌幢小品》谓：

自有《丹铅录》诸书，便有《正杨》，又有《正正杨》。古人、古事、古字，此书如彼，彼书如此，散见杂出，各不相同。见其一不见其二，哄然纠驳，不免为前人所笑。

周亮工《因树屋书影》亦谓：

《丹铅》诸录出，而陈晦伯《正杨》继之，胡元瑞《笔丛》又继之。当时如周方叔、谢在杭、毕湖目诸君子集中，与用修为难者不止一人。然其中虽极辨难，有究是一义者，亦有互相发明者。予已汇为一书，颜曰《翼杨》。……

不管"正杨"也罢,"翼杨"也罢,总而言之,以升庵为中心,在当时学术界激起很大波动,这是极明显的。升庵和许多其他开风气的人物一样,虽不免谬误百出,遭后人攻击;然而他提出许多过去学者所没有注意到的问题,在许多方面为后来考证家开其先路,要追溯晚明古学复兴运动的由来,总是不能不从他讲起的。

陈耀文字晦伯,确山人,比升庵稍晚出,而博洽略可相当。所著《经典稽疑》、《天中记》等数十百卷,虽驳杂不纯,而见闻终富,直到后来毛西河、姚际恒还时时称引他。其《正杨》之作,叫嚣诋诽,未免太甚。但由陈杨异同这一场公案,使许多治考证的人增加兴趣不少,对于当时古学运动不能不说是一种有力的刺激。

王弇州世贞为一代文坛主盟,其《四部稿》数百卷,风靡一世,初时誉满天下,后亦毁满天下。平心而论,其秦汉伪体,固不足为训;而博综典籍,谙习掌故,终不同于空疏者流,对于当时古学运动也不能说没有一点功绩。

胡元瑞应麟为万历间学者,本来也是弇州派下人物,而特以考据见长。所著书籍亦数十百卷,征引典籍,极为宏富。《四库提要》论其《少室山房笔丛》云:

> 盖捃摭既博,又复不自检点,抵牾横生,势固有所不免。然明自万历以后,心学横流,儒风大坏,不复以稽古为事。应麟独研索旧文,参校疑义,以成是编。虽利钝互陈,而可资考证者亦不少。朱彝尊称其不失读书种子,诚公论也。杨慎、陈耀文、焦竑诸家之后,录此一书,犹所谓差强

人意者矣。（卷一百二十三）

观此可知胡氏在晚明古学界的地位。他对于升庵著述很下过一番工夫，其《笔丛》中《丹铅新录》及《艺林学山》两部分，对于杨、陈二氏说多所折衷。他说：

楊子用修拮据坟典，摘抉隐微，白首丹铅，厥功伟矣。今所撰诸书，盛行海内。大而穹宇，细入肖翘，耳目八蜓，靡不该综。即惠施、黄缭之辩，未足侈也。然而世之学士，咸有异同。若以得失瑕瑜，仅足相补。何以故哉？余尝窃窥楊子之癖，大概有二：一曰命意太高，二曰持论太果。太高则迂怪之情合，故有于前人之说，浅也凿而深之，明也汩而晦之；太果则灭裂之衅开，故有于前人之说，疑也骤而信之，是也骤而非之。至剽敓陈言，盾矛故恔，世人率以訾楊子，则又非也。楊子蚤岁戍滇，罕携载籍，绌诸腹笥，千虑而一，势则宜然。以余读楊子遗文，即前修往哲，只字中窗窾，咸极表章，而屑屑是也。晦伯曰："楊子之言，间多芜翳，当由传录偶乏荩臣。"鄙人于楊子业，忻慕为执鞭。辄于占佴之暇，稍为是正。甗天蠡海，亡当大方。异日者，求忠臣于楊子之门，或为余屈其一指也夫。（《丹铅新录》引）

用修生平纂述，亡虑数十百种，《丹铅》诸录其一耳。余少癖用修书，求之未尽获，已稍稍获，又病未能悉窥。其盛行于世，而人尤诵习，无若《艺林伐山》等十数篇，则不侫录《丹铅》外，以次卒业焉。其特见罔弗厌余衷，而微辞眇论亦间有未易悬解者。因更掇拾异同，续为录，命之曰《艺林学山》。客规不佞：子之说则诚辩矣。独不闻之蒙庄之言乎？天地一指也，万物一马也。昔河东氏《非国语》，而《非非国语》传；成都氏《反离骚》，而《反反离骚》作。用修之言，世方社而稷之，而且哓哓焉数以辩哗其后。后起者藉焉，子其穷矣。夫丘陵学山而弗至于山，几子之谓也。余曰：唯！唯！窃闻之：孔鱼诘墨，司马疑孟，方之削荀，晦伯正杨，古今共然，亡取苟合。不佞于用修，尽心焉耳矣。千虑而得，间有异同，即就正大方，方兹藉手，而奚容目睫诿也。夫用修之可，柳下也；不佞之不可，緊鲁人也。师鲁人以师柳下，世或以不佞善学用修，用修无亦迪然听哉。(《艺林学山》引)

他以升庵的忠臣自命，其绳愆纠谬，乃正所以善学升庵。他对于升庵实深向慕，而大受其影响，尽管多有异同，而实在是一条路上的人。他的《四部正伪》，颇为现今做辨伪工作者所表章，亦为《笔丛》中的一部分。

焦弱侯竑，亦出万历年间，师耿天台而友李卓吾，本是个王学左派的人物。然而他特以博洽著称。所著《国史经籍志》虽不算好书，但对于目录学这一道总算已能注意。其《笔乘》所论，虽多援儒入释，大张狂禅之焰，但精彩处亦不少。最可注意的如"古诗无叶音"一条：

> 诗有古韵今韵。古韵久不传，学者于《毛诗》、《离骚》皆以今韵读之。其有不合，则强为之音，曰："此叶也。"予意不然。如"驺虞"，一"虞"也，既音"牙"而叶

"葭"与"豝",又音五红反而叶"蓬"与"豵";"好仇",一"仇"也,既音"求"而叶"鸠"与"洲",又音渠之反而叶"逑"。如此则"东"亦可音"西","南"亦可音"北","上"亦可音"下","前"亦可音"后",凡字皆无正呼,凡诗皆无正字矣。岂理也哉?如"下",今在祃押,而古皆作"虎"音:《击鼓》云"于林之下",上韵为"爰居爰处";《凯风》云"在浚之下",下韵为"母氏劳苦";《大雅·绵》"至于岐下",上韵为"率西水浒"之类也。"服",今在屋押,而古皆作"迫"音:《关雎》云"寤寐思服",下韵"辗转反侧";《有狐》云"之子无服",上韵为"在彼淇侧";《骚经》"非时俗之所服",下韵为"依彭咸之遗则";《大戴记》:《孝昭冠词》"始加昭明之元服",下韵"崇积文武之宠德"之类也。"降",今在绛押,而古皆作"攻"音:《草虫》云"我心则降",下韵为"忧心忡忡";《骚经》"惟庚寅吾以降",上韵为"朕皇考曰伯庸"之类也。"泽",今在陌押,而古皆作"铎"音:《无衣》云"与子同泽",下韵为"与子偕作";《郊特牲》"草本归其泽",上韵为"水归其壑,昆虫无作"之类也。此等不可殚举。使非古韵而自以意叶之,则"下"何皆音"虎","服"何皆音"迫","降"何皆音"攻","泽"何皆音"铎",而无一字作他音者耶?《离骚》、汉、魏去诗人不远,故其用韵皆同。世儒徒以耳目所不逮,而穿凿附会,良可叹矣。予儿朗生五岁,时方诵《国风》,问曰:然则"驺虞"、"好仇"当作何音?余曰:"葭"与"豝"为一韵,"蓬"与"豵"为一韵,"吁嗟乎驺虞"一句自为余音,不必叶也。如"麟之趾","趾"与"子"为韵;"麟之定"，"定"与"姓"为韵。"吁嗟麟兮"一句亦不必叶也。
《殷其雷》、《黍离》、《北门》，章末语不入韵，皆此例也。《兔
罝》，"仇"与"逑"同韵，盖"逑"古一音"求"。王粲《从军
诗》："鸡鸣达四境，黍稷盈原畴。馆宅流廛里，士女满庄
馗。""馗"即"逵"，九交之道也。不知"逑"亦音"求"，而
改"仇"为渠之反以叶之，迁就之曲说也。

此段讲古音，明确条畅，竟然大类顾亭林《答李子德书》。后来讲
古音的多溯及陈第，而不及焦氏此文。实则江慎修已明言："古
无叶音之说，始于焦竑，而陈氏阐明之。"陈兰甫对焦氏此文亦特
别加以表章。陈第自己在其《毛诗古音考》的跋文上也说：

> 往年读焦太史《笔乘》曰："古诗无叶音。"此前人未
> 道语也。知言哉！岁在辛丑，尝为考证，尚未脱稿，即有
> 建州温陵之游。留滞三年，徒置旧箧中。甲辰春，来金陵，
> 稿未携也。秋末，造访太史，谈及古音，欣然相契。假以诸
> 韵书故本所忆记，复加编辑。太史又为补其未备，正其音
> 切。于是书成可缮写。爰以公诸同好，此道久湮，知之者
> 寡。即吴才老、杨用修，博采精稽，犹未取断言非叶也。太
> 史与愚乃笃于自信，真千载一遇矣。使见者以为是也，古
> 音自此而明；谓未尽也，触类引伸，必自是始。如谓非也，
> 则以待后世子云而已。

观此可知"古诗无叶音"之说，确为焦氏创见，即陈氏所著亦未
尝不与之有关系也。

陈第字季立,连江人。治音韵特精。其《毛诗古音考》、《屈宋古音义》,为后来言古音者所祖述。《四库提要》在"毛诗古音考"条下论之云:

　　言古韵者自吴棫。然《韵补》一书,庞杂割裂,谬种流传,古韵乃以益乱。国朝顾炎武作《诗本音》,江永作《古韵标准》,以经证经,始廓清妄论。而开除先路,则此书实为首功。大旨以为古人之音,原与今异。凡今所称叶韵,皆即古人之本音。非随意改读,辗转牵就,如母必读米,马必读姥,京必读疆,福必读偪之类。历考诸篇,悉截然不紊。又《左》、《国》、《易象》、《离骚》、《楚辞》、秦碑、汉赋,以至上古歌谣、箴铭、颂赞,往往多与诗合,可以互证。于是排比经文,参以群籍,定为本证、旁证二条。本证者,诗自相证,以探古音之源;旁证者,他经所载,以及秦汉以下去风雅未远者,以竟古音之委。钩稽参验,本末秩然,其用力可谓笃至。虽其中如素音为苏之类,不知古无四声,不必又分平仄;家又音歌,华又音和之类,不知为汉魏以下之转韵,不可以通《三百篇》,皆为未密。然所列四百四十四字,言必有征,典必探本,视他家执今韵部分妄以通转古音者,相去盖万万矣。初,第作此书,自焦竑以外,无人能通其说。故刊版旋佚。此本及《屈宋古音义》,皆建宁徐时作购得旧刻,复为刊传。虽卷帙无多,然欲求古韵之津梁,舍是无由也。(卷四十二)

他完全用比较归纳、以经证经的方法,精密纯粹,调理秩然,在明人著述中可谓特出。这不仅为治古音者辟出一条康庄大道，并且在一般治学方法上，其影响也是极大的。他没有杨慎、焦竑那样博洽，却也不像他们那样驳杂。他和清代朴学家更接近一步了。

方以智字密之，桐城人，为明末海内所称四公子之一。清兵南下后，曾从永历帝于梧州。后见事无可为，乃弃官为僧。"无可"、"药地"、"浮山愚者"、"极丸老人"，皆其出家后之称号。与王船山时有往还，船山诗文中极称道之。所著《通雅》五十二卷，皆考证名物象数训诂音声，极为精博，迥出明代一般考据家之上。《四库提要》论之曰：

> 明之中叶，以博洽著者称杨慎，而陈耀文起而与争。然慎好伪说以售欺，耀文好蔓引以求胜。次则焦竑，亦喜考证，而习与李贽游，动辄牵缀佛书，伤于芜杂。惟以智崛起崇祯中，考据精核，迥出其上。风气既开，国朝顾炎武、阎若璩、朱彝尊等沿波而起，始一扫悬揣之空谈。虽其中千虑一失，或所不免，而穷源溯委，词必有征，在明代考证家中可谓卓然独立矣。（卷一百十九）

明代考证著述受清人如此推重者实不多见，由此可知其书之价值。方氏治学方法最可注意。他说：

> 考究之门虽卑，然非比性命可自悟，常理可守经而已。必博学积久，得征乃决。（《通雅·凡例》）

他已经把"考究之门"认成一种专门学问,和那性命之学相对立。他深知这门学问的性质,不能凭自悟,不能凭墨守,而必须广搜博采,日积月累,经过极繁难的历程,把一切论断都建立在确凿的证据上,即所谓"博学积久,待征乃决",这已经是把握住考证家治学方法的精髓了。他自述其治学的经过道:

> 吾与方伎游,即欲通其艺也;观物,欲知其名也。物理无可疑者吾疑之,而必欲深求其故也。以至于颓墙败壁之上,有一字焉吾未之经见,则必详其音义,考其原本,既悉矣,而后释然于吾心。(《通雅》钱澄之序述方氏语)

看他这种到处考索、细大不捐的艰苦工夫,和顾亭林简直没有二样。他还有《物理小识》一书,原附于《通雅》,后别行,乃是由他儿子中通等编成的。其内容大致虽亦本张华《博物志》、赞宁《物类相感志》诸书而衍之,但彼只言克制生化之性,而此则推阐其所以然;虽所录不免冗杂,未必一一尽确,所论亦不免时有附会,但能有意识地提出一种"质测"方法来,已经可算是卓绝千古。王船山称他道:

> 密翁与其公子为质测之学,诚学思兼致之实功。盖格物者,即物以穷理,惟质测为得之。若邵康节、蔡西山则立一理以穷物,非格物也。(《搔首问》)

"质测"即实验,语见《物理小识》。船山指出他和邵、蔡等的区别,非常重要。因为这就是科学所以别于过去一切象数、占验、博物、志异诸书之一基本要点也。这时候西学已经输入了,方氏深受其影响。他用"质测"的方法,根据确凿可靠的事实,敢信古,也敢信今。他说:

> 古今以智相积而我生其后,考古所以决今,然不可泥古也。古人有让后人者,韦编杀青,何如雕板;龟山在今,亦能长律;何源详于阆阆,江源详于缅志;南极下之星,唐时海中占之,至泰西人,始合为图,补开辟所未有。(《通雅》卷首)

他认定,人类知识越积越多,后来居上,今人所知尽多为古人所未及知者。许多明明白白的事实放在面前,断不容我们强闭眼睛,曲从古人。他毫不犹豫地称泰西天文学"补开辟所未有",可见他对于当时西学是何等的崇拜。他更注重方言辩护俗字,主张拼音文字,处处表现出他的历史眼光,表现出他尊重近代的精神。这些地方已经超越了一般古学家,即清代大师能达到这种的程度的也不多。我们读方氏书,真觉得元气淋漓,处处透露出新时代的曙光。

大概明朝中叶以后,学者渐渐厌弃烂熟的宋人格套,争出手眼,自标新异。于是乎一方面表现为心学运动,另一方面表现为古学运动。心学与古学看似相反,但其打破当时传统格套,如陆象山所谓"扫俗学之凡陋",其精神则一。王阳明已经要讲古本《大学》了,王学左派的焦弱侯竟以古学著名了。自杨慎以下那班古学家,并不像乾嘉诸老那样朴实地下工夫,而都是才殊纵横,带些浪漫色彩的。他们都是大刀阔斧,而不是细针密线。他们虽不免于驳杂,但古学复兴的机运毕竟由此打开了。

　　最后我们还应当一述的,就是当时藏书风气的盛兴。如范氏天一阁、钮氏世学楼、祁氏淡生堂、黄氏千顷斋、钱氏绛云楼、郑氏丛桂堂,都是著名藏书的地方。其余若上文所述焦竑、陈第、胡应麟等都是藏书极富。特别是毛子晋,专以藏书刻书传名后世。他前后积书八万四千册,构汲古阁、目耕楼以保藏之。一时书舶云集于门,邑中为之谚曰:"三百六十行生意,不如鬻书于毛氏。"他并且刻了许多古书,流布遍天下。直到现在,稍读古书的几乎无不知有汲古阁,可想见其影响之大。假使没有这样丰富的藏书,那班古学家将无所凭藉以用其力。我们讲晚明古学运动,对于这些私人图书馆是不应遗忘的。

第八章　西学输入的新潮

在晚明思想解放的潮流中，除古学复兴外，还另有一个新路向，那就是西学的输入。原来自万历以后，西洋耶稣会教士利玛窦、庞迪我、熊三拔、龙华民、艾儒略、金尼阁、阳玛诺、汤若望等相继来华。他们学识品格本来很好，而又能迎合中国风习，所以逐渐在士大夫间活动起来，取得许多名流的信仰。这些教士中，声名最大的当然推利玛窦。如李卓吾、袁中郎、谭元春、叶向高、李日华、汪廷纳等，都很恭维他，更不要说当时天主教三大柱石徐光启、李之藻、杨廷筠了。他们本为传教而来，但其结果却为中国撒布许多科学的种子。我们且先把当时学术各部门中所受他们的影响，作一概略的叙述，然后把最重要的徐光启特别提出来讲一讲。

首先自然要说到天算。那时候所行的"大统历"循元朝郭守敬"授时历"之旧，错误很多。万历年间，朱载堉、邢云路先后上疏，请求厘正。恰当这时候，利玛窦等来到了。他们都长于天算，其推算之密，制作之巧，实中国前古所未有。于是由徐光启、李之藻等的推荐，得参与历法改革的大业。天启、崇祯两朝十几年间，很把这件事当一件大事办。经他们合译或另撰的书不下百余种，汇为《崇祯历书》、《天学初函》。其中如利、徐合译的《几何原本》，几成为后来学算者必读之书。《四库提要》在"测量法义"条下言及此书道：

> 自是之后，凡学算者必先熟习其书。如释某法之义，遇有与《几何原本》相同者，第注曰"见《几何原本》某卷某节"，不复更举其言。惟《几何原本》所不能及者，始解之。

由这几句话可知此书影响之大。此外若《测量法义》、《测量异同》、《勾股义》、《浑盖通宪图说》、《圆容较义》、《同文算指》等，其著者或徐或李，而实皆利氏所译授。《明史·天文志》论其事道：

> 明万历间，西洋人利玛窦等入中国，精于天文、历算之学，发微阐奥，运算制器，前此未尝有也。

清阮元《畴人传》卷四十四附录近世西洋人，首举利玛窦，以利氏东来为"西法入中国之始"，解释其新说颇详。其论赞云：

> 自利玛窦入中国，西人接踵而至。其于天学，皆有所得。采而用之，此礼失求野之义也。而徐光启至谓利氏为

今日之義和云。

风气既开,后来清代学者继续发展。其影响所及,不仅出了几位专门天算学家,并且许多经学家都兼长天算。这是明末西学输入最明显的产果。不过当时所输入的天文学,还是欧洲的旧天文学,也就是托来梅(Ptolemaeus)以来的天文学,而不是歌白尼(Copernicus)以后的新天文学。因为歌氏的书虽已于1543年出版,但尚未大行。利玛窦等仍囿于当时天主教徒以地球为宇宙中心之成见,而不信歌氏太阳中心说。这也无足怪,因为歌白尼学说之被确认,尚待葛利略(Galilei)出来以后也。

其次是舆地。利玛窦等一班教士,远渡重洋,挟其广博的世界知识,使向来闭关自大的中国人士闻所未闻。异方殊俗,引起不少兴趣。如利氏的《万国舆图》、艾儒略的《职方外纪》……绘图立说,中国人之知有五洲万国自此始。在裴化行所著《天主教16世纪在华传教志》中,描写利氏在肇庆府的情形,特别详述其地图之为人所注意道:

> 在会所的客厅内,悬有一张西文的世界全图。凡来会所参观的人都宁神注视,并彼此相探问这是一张什么图。因为他们从来没有见过,并从来没想过,世界的缩影是这样的。各重要人员都愿意把这图译成中文,为能更明了图上所含的一切。……利玛窦为应付朋友的请求,即一面参考他的旅行日记及别的西洋书籍,一面借翻译官的帮助,编成一本注解地图的小册子,并在内插入天主教仪式及各地方习俗的记录。……这种地图,虽然有很多缺陷,大家却

视为稀世的奇品,不久便流传到全中国各省内。……当着他们见到世界全图,上面表现着一个极庞大的世界,中国是被移置在一个角落,并且看着很小,一般昏愚的人们,有开始嘲笑司铎们的;但是比较明智的人,注意到地图构造是这般精密,上面有经度及纬度,有赤道线,有回归线……因此他们便不自禁的相信图上的一切都是与实际相合的。利玛窦为减除中国朋友对于新地图的嫉视心,便很小心的把大家对于地图的观点转移。因为中国学者不能忍受他们国家被西洋绘图家抛在世界东部的一个角落上,但是他们又不能立刻懂清数学上的证明;于是利玛窦不得已把地图上的第一条子午线(经过加拿利群岛的子午线)的投影的位置转移,把中国放在正中。这正是一种适合于参观者脾味的地图。众司铎相信,以后演讲时一定有许多便利。来宾见西洋各国与中国的距离几乎远得无法测量,又有重洋相隔,便不再惧能有外力来侵略。(下编第六章)

从这段描写可知当时中国学者地理知识的幼稚,及利氏对于他们的新刺激。利氏地图及其所附说明,从现在看来,自然也还觉得幼稚,但在中国地理学的发展史上,他毕竟划出一个新时代。后来清朝康熙年间,测绘《皇舆全览图》,还全赖一班教士们的力量。清儒对舆地上的兴趣,也未尝不与此有关(《禹贡》第五卷第三、四期合刊是讲利玛窦地图的一个专号可参考)。

其次是音韵。中国音韵学自与印度交通而进一步,自与西洋交通而又进一步。那班耶稣会教士读中国书,多用罗马字注音。如现仍保存在北平图书馆中殷铎泽用拉丁文翻译的《中庸》等书,即其实例。金尼阁更著《西儒耳目资》一书,以西洋之音,通中国之音,为当时音韵学界别辟新路径。后来方以智著《通雅》、刘继庄著《新韵谱》,都明白承认受西人的影响。清代音韵学之盛,不能说和西学输入没有一点关系(陈援庵先生著《明季之欧化美术及罗马字注音》一书论此甚详可以参考)。

其次一切名物度数、利用厚生之学。明末西学输入的结果,不仅发展了天算、舆地、音韵等几种专门学问,实在说,当时整个思想变动也未尝不受其影响。中国学者向来所常讲的是道德伦纪,而对于一切名物度数、利用厚生之事则不甚留意。利玛窦曾言:

> 薄游数十百国,所见中国土地人民,声名礼乐,实海内冠冕。而其民顾多贫乏,一遇水旱,则有道殣,国计亦绌焉者,何也?(徐光启《泰西水法》序文中所引)

这段话实在能指出中国的弱点。地大物博,而常患贫,这种奇怪现象,至今犹然。利氏因进言水法,以为富国足民之计。后来熊三拔著《泰西水法》,邓玉函著《远西奇器图说》,种种实用的学问技艺逐渐输入。徐光启既受其影响而著卓绝千古的《农政全书》,而清初诸儒经世致用的思想亦启发于此了。当时西学有广泛的输入,其治学方法亦影响到各方面。如艾儒略所著《西学凡》,讲西洋建学育才之法,把当时欧洲教育制度、学问门类已介绍其大概。李之藻译《名理探》,把西洋论理学也介绍过来了。总而言之,一切名物度数、利用厚生之学,因受西学影响而都渐渐为人所注意了。说到这里,我又想起方以智。不仅他自己著《物理小识》，并且他的祖父野同公、他的父亲潜夫公、他的外祖父吴观我，都是喜欢研究物理的。他的曾祖明善公的门生王虚舟，且著《物理辨》。《物理小识》就是缘此而作的。他的儿子中德、中通、中履，是《物理小识》的编纂者，书中多附录其说。中通更与揭宣往复讨论，录为《揭方问答》一书。这不仅可见方氏的家学渊源，而一时研究物理的风气亦可想见。这种风气系受西学影响，是他们书中明白表示出来的。然而当时与西学关系最深的，究竟还要推徐光启。我们现再以徐氏为中心，作一较详的论述。

徐光启字子先，号玄扈，谥文定，上海人。生于嘉靖四十一年（1562），卒于崇祯六年（1633），寿七十二岁。官至太子太保，文渊阁大学士，兼礼部尚书。他初遇西教士郭仰凤于韶州，谈道颇洽。后在南京，复遇利玛窦。既而从罗如望受洗。及官翰林，适利氏早在北京，自此过从日密，西洋历法、炮术、农田水利及其他一切名物象数之学遂借以传入。他对于西学有广泛而深刻的认识，并不限于几种专门学艺。就如他说：

> 《几何原本》者，度数之宗，所以穷方圆平直之情，尽规矩准绳之用也。……盖不用为用，众用所基，真可谓万象之形囿，百家之学海。（利）先生曰："是书也，以当百家之用，庶几有义、和、般、墨其人乎？犹其小者。有大用于此，将以习人之灵才，令细而确也。"余以为小用大用，实在其人。如邓林伐材，栋梁榱桷，恣所取之耳。（《刻几何原本序》）
>
> 更有一种格物穷理之学，凡世间世外、万事万物之理，叩之无不河悬响答，丝分理解。退而思之，穷年累月，愈见

其说之必然而不可易也。格物穷理之中，又复旁出一种象数之学，大者为历法，为律吕。至其他有形有质之物，有度有数之事，无不赖以为用，用之无不尽巧极妙者。(《泰西水法序》)

这说明了科学的普遍性、必然性和精确性。他以"不用为用"的数理为基础，到处发挥其"细而确"的科学精神，一扫向来中国学者论事说理模糊影响之病。他时常用数字统计，如云：

月食诸史不载，所载日食，自汉至隋凡二百九十三，而食于晦日者七十七，晦前一日者三，初二日者三，其疏如此。唐至五代凡一百一十，而食于晦日者一，初二日者一，初三者一，稍密矣。宋凡一百四十八，则无晦食，更密矣，犹有推食而不食者十三。元凡四十五，亦无晦食，更密矣，犹有推食而不食者一，食而失推者一。至加时先后至三四刻者，当其时已然。……岂惟诸臣，即臣等新法遂成，似可悉无前代之误，乃食限或差半分上下，加时或差半刻上下，虑所不免。(《月食先后各法不同缘由及测验二法疏》)

这是说台官预告日食，自汉迄明，精密程度，代有进展。宋元以前，常可差至一日；自元迄明，尚可差至三四刻；徐氏采用西洋新法，始减至半刻上下。这一段中国历算演进史，他历历用数字统计指示出来。又如他说：

洪武中亲郡王以下男女五十八位耳，至永乐而为位者百二十七，是三十年余一倍矣。隆庆初丽属籍者四万五千，而见存者二万八千；万历甲午丽属籍者十万三千，而见存者六万二千，即又三十年余一倍也。顷岁甲辰丽属籍者十三万，而见存者不下八万，是十年而增三分之一，即又三十年余一倍也。夫三十年为一世，一世之中，人各有两男子，此生人之大率也。则自今以后百余年，而食禄者百万人，此亦自然之势，必不可减之数也，而国计民力足供乎？（《处置宗禄查核边饷议》）

明初创置宗禄，王禄万石，八降为奉国中尉，犹二百石。到万历年间，连年灾荒，边饷无着，宗禄实难维持了。徐氏从过去推未来，指出其必不可免的趋势。他居然能用数字统计，得出三十年增加一倍的"生人之大率"。这简直是马尔萨斯的人口论，而他却还早出世二百年。他最致力于农田水利，在他的《农政全书》中有许多极精彩的话。如云：

尝考宋绍兴中松郡税粮十八万石耳，今年米九十万石，会计加编征收耗剩起解铺垫诸色役费，当复称是，是十倍宋也。……三百年而尚存视息者，全赖此一机一杼而已。非独松也，苏杭常镇之币帛枲纻，嘉湖之丝纩，皆恃此女红末业，以上供赋税，下给俯仰。若求之田亩之收，则必不可办。今北土之吉贝贱而布贵，南方反是，吉贝则泛舟而鬻诸南，布则泛舟而鬻诸北，此皆事之不可解者，若以北之棉，学南之植，岂不反贱为贵，反贵为贱？余居恒谓北方之人必有从事者。若云彼土风高不能抽引，此语诚然，顾岂无善巧之法？而总料其不然，亦未免为悠悠之论。故常揣度后此数十年，松之布当无所泄，无所泄即无以上供赋税，下给俯仰。(《全书》卷三十五)

他深切认识棉丝等纺织工艺在农村经济中的重要性，并能预见其危机，试把近百年来中国农村所受国际经济侵略的情形和这段话作一对照，当更觉其深识远见真不可及。他随处留心，把各地农业情形、各种农业方式，灿然罗列心目间；所以每发一论，总是真切透到，能抓住要害，绝不像旁人专说些空泛笼统不着疼痒的话。区区蝗虫问题，一到他手里，便俨然构成一套科学理论。在《屯田疏稿》中"除蝗"条下，他征引历史事实，应用数字统计，把蝗生之时、蝗生之地、治蝗之法，都原原本本、有凭有据地讲出来。他讲水利更津津有味。在同疏"用水"条下云：

能用水，不独救旱，亦可弭旱。灌溉有法，滋润无方，此救旱也。均水田间，水土相得，兴云起雾，致雨甚易，此弭旱也。能用水，不独救潦，亦可弭潦。疏理节宣，可蓄可泄，此救潦也。地气发越，不至郁积，既有时雨，必有时旸，此弭潦也。不独此也，三夏之月，大雨时行，正农田用水之候，若遍地耕垦，沟洫纵横，播水于中，资其灌溉，必减大川之水。先臣周用曰："使天下人人治田，则人人治河也，是可损决溢之患也。"故用水一利，能违数害，燮理阴阳，此其大者。不然，神禹之功，仅"抑洪水"而已，抑洪水之事，则"决九川距海，浚畎浍距川"而已；何以遽曰："水火木金土谷惟修，正德利用厚生惟和。"一举而万事毕乎？是故水

能为利,亦能为害,不善用之则为害,善用之则为利。欲违
害而就利,寻求体势,不越五法。尽此五法,加以智者神而
明之,变而通之,地之不得水者寡矣,水之不为田用者亦寡
矣。……用水之源……用水之流……用水之潴……用水之
委……作源作潴以用水……

看他讲得面面俱到,真把水利科学化了。他认"西北治河,东
南治水利",为救时至计,而将"水学"基础置于"勾股测量"之
上。此义见于他的《勾股义序》。他在《漕河议》中更说:

今诚得守敬其人,令博求巧工算史,为之佐史,西自孟
门,东尽云梯,南历长淮,北逾会通,无分水陆,在在测验。
近用准平,远立重表……务令东西南北,地形水势,尽识其
纡直倨勾,又尽识其广狭浅深,高下夷险,灿然井然,而后
仿裴氏之遗规,终若思之绪业,绘图立论,勒成一书。

他治河不是孟浪从事的,而先要把中原地形大规模测量一番,制
出详确可靠的地形图,以作依据,这真是科学家的作风。这种
伟大的工作计划,直到现在还需要我们去努力实现。他还有个
伟大计划,就是要建立一个分工合作把许多科学集中起来的研
究机关。他知道科学是不能单传秘授,而需要许多人公开研究
的。他引利玛窦的话道:

先生尝为余言,西士之精于历,无他谬巧也,千百为
辈,传习讲求者三千年,其青于蓝而寒于水者时时有之,以

故言理弥微亦弥著,立法弥详亦弥简。(《简平仪说序》)

这是科学家不同于术士的地方。徐氏集合西士,创立历局,实即根据此意。当时局中所译西书,兼及各科,本不限于天算。但按着徐氏理想计划,还更要"旁通众务",大规模地干一番。他在《修议历法修正岁差疏》中有云:

> 且度数既明,又可旁通众务,济时适用,此则臣之所志,而非臣之所能,故不无望于众思群力之助也。

于是乎他提出急要事宜四款。其第四款"度数旁通十事",就涉及:(1)气象学,(2)水利工程,(3)音乐,(4)军事学,(5)统计学,(6)营造学,(7)物理学与机械工程,(8)地理学与制图学,(9)医学,(10)钟表学。最后他总括说道:

> 臣闻之《周髀算经》云:"禹之所以治天下者,勾股之所由生也。"盖凡物有形有质,莫不资于度数故耳。此须接续讲求。若得同事多人,亦可分曹速就。

这个计划如果实现,简直就是一个大规模的科学研究院。徐氏与欧洲近代科学始祖培根为同时人。培根曾著《新大西洋》(*New Atlantic*)一书,假想一学术研究机关,名梭罗门馆(Solomon House),馆中延聘三十六位科学家,其半数编辑古今经籍中的科学论说,其余十八人复分六组,试行各种实验,而审察其结果,最后目的乃在求万事万物之理而获得新发明。这个理想研究院和徐氏所拟"旁通众务"的计划,很有些相类。然而培根去世后,四十三年间,《新大西洋》风行一世,刊印了十版,英国皇家学会即依照其模型而成立于1660年。后来这个学会中人才辈出,成为近代科学的大本营,溯其渊源,不能不说是受培根之赐。徐氏的计划,却只成立了那么个历局,翻译了那么些西书,虽然在中国学术上也留下深刻的痕迹,但其理想究竟没有圆满实现,继续发展,辟出一个科学的新天地。徐氏的伟大,在许多方面实超过培根,然而历史条件限制了他。这不是徐氏的不幸,而实在是中国的不幸呵!

关于晚明时代西学输入情形,各书论及者甚多,故本章只略述大概。至徐氏学术,本文所论多根据竺可桢先生《近代科学先驱徐光启》一文。该文见民国二十三年上海所出《徐文定公逝世三百年纪念文汇编》中,甚精彩,可参考也,最后我介绍一段趣话,即《袁小修日记》卷四所载:

> 看报,得西洋陪从利玛窦之讣。玛窦从本国航海来,凡四五年始至。初住闽,住吴越,渐通华言及文字。后入都,进自携天主像及自鸣钟于朝。朝廷馆榖之。盖彼国事天,不知佛。行十善,重交道,童真身甚多。玛窦善论,工著述。所入甚薄,而常以金赠人,置居第僮仆甚都,人疑其有丹方若王阳也。然窦实多秘术,惜未究。其言天体若鸡子,天为青,地为黄,四方上下皆有世界,如上界与下界人足正相邻,盖下界者如蝇虫倒行屋梁上也。语甚奇。正与《杂华经》所云"仰世界,俯世界,侧世界"语相合。窦与缙绅往来,中郎衙舍数见之。寿仅六十,闻其人童真身也。

当时学者初见西人，都用好奇的眼光，作极幼稚可笑的推想，其隔膜误解往往有更甚于此者（此类材料甚多，拟另撰"明清间学者对于西学的印象"一文以论述之）。

由此益可见徐、李诸子真复乎不可及了。

第九章　余　论

由以上数章所述,可以看出来晚明思想界有几个明显趋势:其一,从悟到修,这表现于东林各派的王学修正运动,以及云栖、憨山等尊重戒律,特唱净土;其二,从思到学,这表现于古学复兴,及西学的输入;其三,从体到用,这表现于张居正、徐光启等的事功思想,及左派诸人的大活动;其四,从理到气,这表现于刘蕺山等的反理气二元论。这几种趋势,矛盾冲突,参互错综,形成一个斑驳陆离的局面。然而进一层追求,观其会通,尚可以看出一个总趋势,即从超现实主义到现实主义是也。从悟到修,悟虚而修实,从思到学,思虚而学实,从体到用,体虚而用实,从理到气,理虚而气实。大体说来,在晚明思想界占中心地位的还是王学和禅学。最能代表现实主义潮流的事功派、西学派、古学派,这时候还只是刚刚抬头。然而在王学和禅学内部,也未尝没有现实主义的倾向。如来禅和祖师禅,东林派和狂禅派,右派王学和左派王学,各有其现实主义的一方面。这各种现实主义倾向渐渐汇合成一大潮流,于是乎清初诸大师出来,以经世致用、实事求是相号召,截然划出一个思想史上的新时代。这一班大师都是明代遗民,他们的早年生活,还有些应该叙入晚明思想史以内的。

当明朝灭亡,清顺治帝初入中原的时候,孙夏峰已六十一岁,黄梨洲三十五岁,顾亭林三十二岁,王船山二十六岁,李二曲十八岁,颜习斋十岁,还有陆桴庭、张杨园、王寅旭、张稷若、傅青主、魏叔子……都是他们一辈人。这班大师中,习斋这时候年还太小,无可表现;二曲正在孤寒中挣扎,亦还未见声光;船山稍露头角矣,而旋遭乱离;其早已活跃于明末思想者,只有夏峰,其次则梨洲、亭林而已。

夏峰资格最老,梨洲《明儒学案》中已经有他的位置。他早和魏大中、周顺昌定交,以气节相期许。当魏忠贤毒焰正烈,魏、周与杨、左诸君子被难时,他挺身营救,义声震一时。他和鹿伯顺为共同讲学的挚友,都以陆王为宗。他们体认真切,不蹈王学末流猖狂之习。大体上说,他们实与东林派桴鼓相应,而为其羽翼。及伯顺殉流寇之难,北方学者只有夏峰岿然独存。国变后,他自河北移居河南,讲学于苏门山,直至九十二岁而终。他晚年学风稍变,和会朱陆,兼综汉唐,打破门户之见,而一以躬行实践、经世致用为归。当时大河南北之学者几乎尽出其门下,即颜李学派亦未尝不渊源于此,实清初北学一大宗也。这是后话,姑且不谈。

梨洲之父黄忠端公尊素,亦东林派要人,死于魏忠贤之难。崇祯帝即位,梨洲年十九,入京讼冤,椎击许显纯,为父报仇。归家后,折节为学,遍读江南各大家藏书。更从学刘蕺山,力摧陶石梁一派之异说。其后遭遇国变,从南明诸王屡起义兵。直至事无可为,乃返乡,重振蕺山讲席,更远绍永嘉、金华诸先正经制文献事功之遗绪,蔚成东南学者一大宗,而为清朝一代浙东学术之开山。如但就其国变以前的早年生活观察,其学业实尚在草创时代也。

亭林本亦江南大族,早年曾和归庄等征逐文坛,露头角于复社,一时有归奇顾怪之目。又与潘柽章、吴赤溟为友,二子皆长于文史之学,入清后以庄氏史案被杀者也。由此可知亭林早年亦明末声气中人。然而他此时已纂辑《肇域志》及《天下郡国利病书》。其自序云:

> 崇祯己卯,秋闱被摈,退而读书。感四国之多虞,耻经生之寡术,于是历览二十一史,以及天下郡县志书,一代名公文集,及章奏文册之类,有得即录,共成四十余帙。一为舆地之记,一为利病之书。(《天下郡国利病书序》)
>
> 此书自崇祯己卯起,先取《一统志》,后取各省府州县志,后取二十一史参互书之。凡阅志书一千余部,本行不尽,则注之旁;旁又不尽,则别为一集,曰《备录》。(《肇域志序》)

观此可知当时亭林已留心当世之务,从事博览详考,后来朴实考订、经世致用之学风已发端于此了。

此外,船山早年曾受知于高汇旃,而与声气中人相往来。汇旃,忠宪公景逸之子也。桴庭、杨园,亦都曾侍从蕺山讲席,后来才各走自己的路。总而言之，自顾、高诸子倡道东林，风声所播，社事大兴。直至明亡以后，东南一带学术团体，如几社、狷社、读书社……不计其数，而以复社为尤著。上述诸大师多出身此等社团中，其敦节行，立名义，蒿目时艰，以澄清天下为志，固犹是东林之流风余韵也。及遭逢国变，创钜痛深之余，浮华尽划，益务本实，德慧术智经艰苦锻练而更为精进。于是向之以才情意气倾一时者，且以实学实用卓然为一代大师。顾、黄诸子之学，虽皆大成于清初，要其在明朝末年所过之一段早年生活实自有其重要意义也。

上面各章中，除第一章提及湛甘泉外，后来再没有讲到这一派。其实甘泉为白沙弟子，为阳明讲友，而且享寿又高，直到阳明死后好多年他还讲学，所以当时湛学之盛，几不下于王学。他以"随处体认天理"为宗，对于阳明多致诤议。他条列阳明格物之说有四不可：

自古圣贤之学，皆以天理为头脑，以知行为工夫。兄之训格为正，训物为念头之发，则下文诚意之意即念头之发也，正心之正即格也，于文义不亦重复矣乎？其不可一也。又于上文知止能得为无承，于古本下节以修身说格致为无取，其不可二也。兄之格物云正念头也，则念头之正否，亦未可据。如释、老之虚无，则曰"应无所住而生其心，无诸相，无根尘"，亦自以为正矣。杨、墨之时，皆以为圣矣。岂自以为不正而安之？以其无学问之功，而不知所谓正者乃邪而不自知也。其所自谓圣，乃流手禽兽也。夷、惠、伊尹，孟子亦以为圣矣，而流于隘与不恭，而异于孔子者，以其无讲学之功，无始终条理之实，无智巧之妙也。则吾兄之训，徒正念头，其不可三也。论学之最始者，则《说命》曰："学于古训乃有获"；《周书》则曰："学古入官"；舜命禹则曰："惟精惟一"；颜子述孔子之教则曰："博文约礼"；孔子告哀公则曰："学问思辨笃行"，其归于知行并进，同条共贯者也。若如兄之说，徒正念头，则孔子止曰"德之不修"可矣，而又曰"学之不讲"何耶？止曰"默而识之"可矣，而又曰"学而不厌"何耶？又曰"信而好古敏求"者何耶？子思止曰"尊德性"可矣，而又曰"道问学"者何耶？所讲所学，所好所求者，何耶？其不可者四也。（《答阳明王都宪论格物》）

甘泉自己对于格物怎样解释呢？他说：

> 仆之所以训格者，至其理也。至其理云者，体认天理也。体认天理云者，兼知行合内外言之也。（《答阳明王都宪论格物》）

> 格者，至也，即格于文祖、有苗之格。物者，天理也，即言有物，舜明于庶物之物，即道也。格即造诣之义，格物者即造道也。知行并进，学问思辨行，皆所以造道也。故读书、亲师友、酬应，随时随处皆求体认天理而涵养之，无非造道之功。诚、正、修工夫皆于格物上用，家国天下皆即此扩充，无两段工夫。此即所谓止至善。尝谓止至善，则明德、亲民皆了者，此也。如此方可讲知至。孟子深造以道，即格物之谓也；自得之，即知至之谓也；居安、资深、逢源，

即修、齐、治、平之谓也。(《答阳明》)

关于格物这个问题,实在太纠纷。自宋以后,几乎有一家宗旨,
就有一家的格物说。甘泉解格物为"造道",为"至其理",而终
归于"随处体认天理",自成他的一家言。至于批评阳明四不可
之说,前两条系章句文义问题,本非阳明所重视。阳明大旨只是
以格物为诚意的实功,把八条目一贯起来,不分作几段工夫,以
符合于他的"致良知"。至于详细文义上,他实在还没有斟酌至
当,有待于后来的补充修正。不过这和湛、王两家根本路线没
大关系,尽可存而不论。重要的是甘泉所说三、四两项。其实
这两项仍是一项,不过说阳明只有"尊德性"而没有"道问学"
罢了。讲到这里,就牵涉着朱陆异同一大公案。向来分判朱陆
的,总说是陆偏于"尊德性",而朱偏于"道问学"。这种说法本
出自朱子自己,而陆象山当时就加以反对道:"既不知尊德性,
焉有所谓道问学?"陆王派的特色,就在把"道问学"当作"尊
德性"的工夫,不离行以言知,不离心以言理。换句话说,朱子
把"道问学"与"尊德性"平列起来,是二元的;陆子把"道问
学"统属于"尊德性"之下,是一元的。所谓朱偏于"道问学",
陆偏于"尊德性"这种说法,也只有这一为平列、一为统属的意
味上,是可以成立的。假如真要在"行"外另讲个"知","心"
外另讲个"理","尊德性"外另讲个"道问学",那就已经成为朱
子的同调了。甘泉所指阳明学说的毛病,正同于一班朱学家的
观点。只要把阳明答罗整庵及顾东桥那两篇论学书看一看,自
可了解阳明本旨并不是那样简单。最有趣的是:甘泉的老师陈
白沙,本是明代学者从朱转陆的第一人,是阳明道学革新运动的

先驱；现在甘泉却依凭师说，作为朱学事实上的支柱，而反抗进一步的革新潮流了。更妙的是：甘泉之学，一传而为何吉阳、唐一庵，再传而为许敬庵，三传而为刘蕺山，从调和湛、王，渐变而为王学修正派，以挽救王学末流之弊，而开辟思想史上另一个新的局面，这样一来，湛学又成为王学的功臣了。历史上的事情，相反相成，迭起迭伏，往往如此。

最后想一谈晚明时代下层社会的思想运动。这个运动和王学有关，特别是和左派王学有关的。本来王学比朱学容易接近下层社会。焦理堂说：

> 紫阳之学，所以教天下之君子；阳明之学，所以教天下之小人。……行其所当然，复穷其所以然，通习乎经史之文，讲求乎性命之本，此惟一二读书之士能之，未可执颛愚顽梗者而强之也。良知者，良心之谓也。虽愚不肖不能读书之人，有以感发之，无不动者。(《良知论》)

这段话很有意味。王学本极活动，本是彻上彻下的。自童子至于圣人，自天子至于庶民，不管你什么程度，什么地位，什么职业，都可以随分用力。各人有各人的良知，就不妨各就力之所及自致其良知。既无须"半日读书，半日静坐"，也不必"即凡天下之物，莫不因其已知之理而益穷之，以求至乎其极"。当下具足，易知易能，阳明直然说：

> 与愚夫愚妇同的，是为同德；与愚夫愚妇异的，是为异端。(《传习录》下)

他正是以愚夫愚妇的良知良能为标准。他有一篇《谕泰和杨茂》教一个聋子哑子致良知。看他那样指点人的方法，真是亲切简易，真是"夫妇之愚可以与知，可以能行焉"。阳明认定圣人之所以为圣，不在知识才能，而在其心之纯乎天理。他曾以精金喻圣人，以分量轻重喻才力大小；更说尧、舜如黄金万镒，文王、孔子九千镒，禹、汤、武王七八千镒，伯夷、伊尹四五千镒；分量不同，其为纯金则同；才力不同，其纯乎天理而为圣人则同。照这样讲，圣人不一定要黄金万镒，七八千镒也可以，四五千镒也可以。究极言之，做个半斤半两的圣人，也当然没什么不可以。这样一来，圣人的资格也就放宽，聋圣人、哑圣人、工圣人、农圣人，大大小小、形形色色的圣人，都该为阳明所容许。于是许多下层社会的分子，都有机会闯入圣人的门墙了。

首先跳出个王心斋，其生平经历与学术在第二章中已经讲过他的。他以一个盐丁，居然成为王学大师，开出泰州一派。王学的风行一世，要算由于这个学派的鼓吹力量为最多。心斋的弟子王一庵说：

> 自古农工商贾，业虽不同，然人人皆可共学。孔门弟子三千，而身通六艺者才七十二，其余则皆无知鄙夫耳。至秦灭学，汉兴，惟记诵古人遗经者，起为经师，更相授受。于是指此学独为经生文士之业，而千古圣人与人人共明共成之学，遂泯没而不传矣。天生我师，崛起海滨，慨然独悟，直宗孔孟，直指人心。然后愚夫俗子，不识一字之人，皆知自性自灵，自完自足，不暇见闻，不烦口耳，而二千年不传之消息，一朝复明矣。(《明儒学案》卷三十二《王一庵

语录》)

这段话昌言农工商贾,愚夫俗子,不识一字之人都可与共学,并且也只有这样的学才是真正的圣学。不错,心斋就是出身下层社会的,由他所领导的泰州学派,更掺进许多下层社会分子。如樵夫朱恕、田夫夏廷美、陶匠韩乐吾等都是。后来李二曲著《观感录》,就是特别表章这班平民学者的。这里面最可注意的是韩乐吾。他于农隙聚徒讲学,农工商贾从之游者千余,可知其影响之大。《明儒学案》记他:"一村既毕,又之一村,前歌后答,弦诵之声,洋洋然也。"试想这是何等气象!李卓吾述罗近溪讲学的情形道:

> 至若牧童樵竖,钓老渔翁,市井少年,公门将健,行商坐贾,织妇耕夫,窃履名儒,衣冠大盗,此但心至则受,不问所由也。况夫布衣韦带,水宿岩栖,白面书生,青衿子弟,黄冠白羽,缁衣大士,缙绅先生,象笏朱履者哉!是以车辙所至,奔走逢迎,先生抵掌其间,坐而谈笑。人望丰采,士乐简易,解带披襟,八风时至。(《焚书》卷三《罗近溪先生告文》)

这真是所谓"夫子之门,何其杂也"。在这样复杂的群众间讲学,传统的士大夫气息自然要消除几分。并且这班左派分子都主张教学相长,主张"教不倦"即"学不厌",主张"察迩言","取诸人以为善"。他们看那班牧竖樵夫都是共学的师友,都有可"察",都有可"取"。这使他们的意识自然渐渐下层社会化了。晚明狂禅运动风靡一时，实在和这有很大的关系。这种下层社会的思想运动，一方面说是怪诞而驳杂的，另一方面说却是虎虎有生气的。晚明思想界，或多或少，或正或反，整个都受这种影响。从这里入手研究下去，我们对于当时思想上的种种表现，也许更别有会心罢。